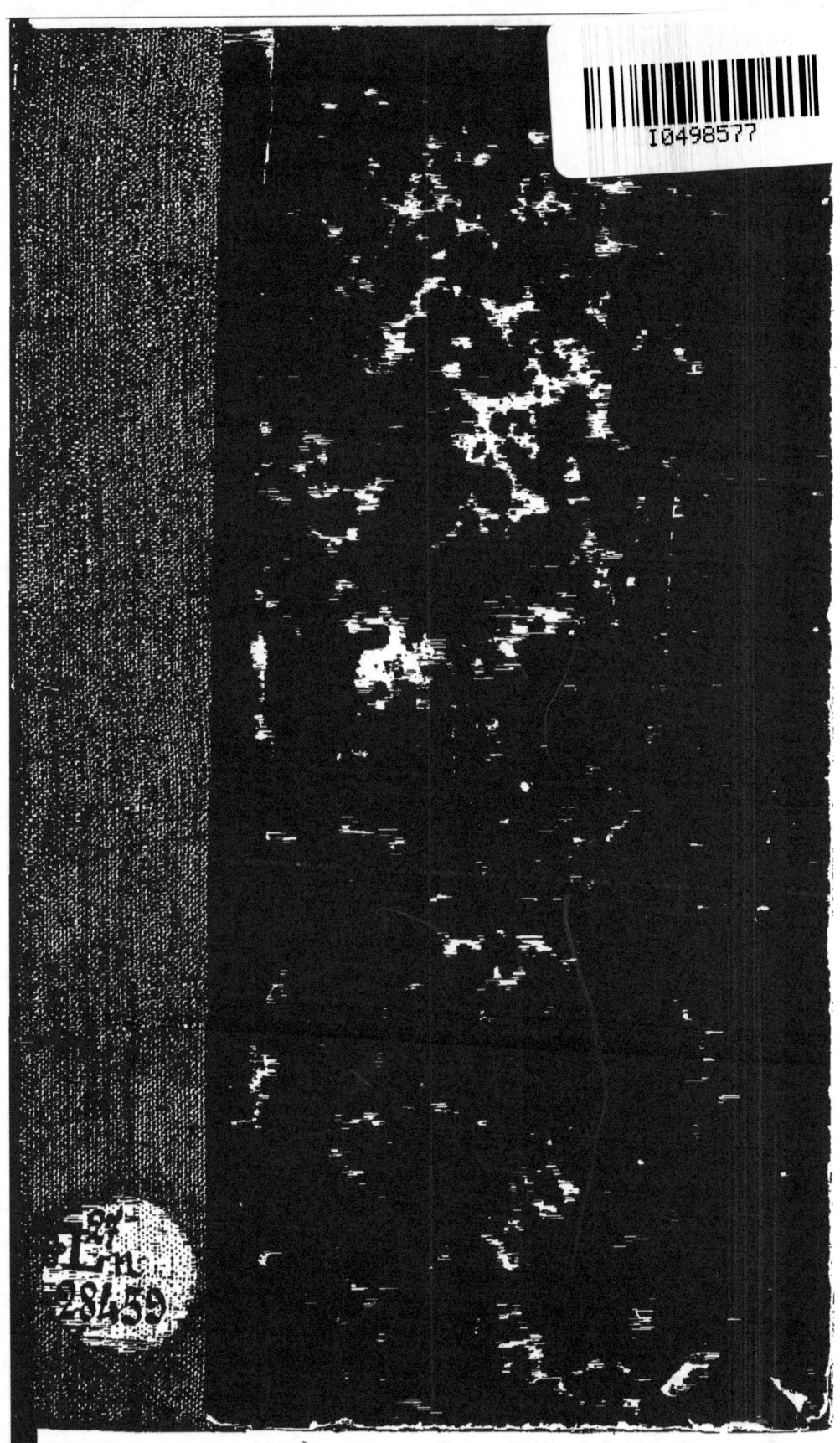

COROT

SOUVENIRS INTIMES

PAR

HENRI DUMESNIL

AVEC UN PORTRAIT

DESSINÉ PAR AIMÉ MILLET, GRAVÉ PAR ALPH. LEROY

« Il est bon d'avoir dans l'âme un tiroir secret,
pourvu qu'on y mette des choses saines. »

A. DE MUSSET.

PARIS

RAPILLY, LIBRAIRE ET MARCHAND D'ESTAMPES

QUAI MALAQUAIS, 5

ET A LA LIBRAIRIE ARTISTIQUE, RUE BONAPARTE, 18

M DCCC LXXV

Tous droits réservés

COROT

Ln 27
n.

28459

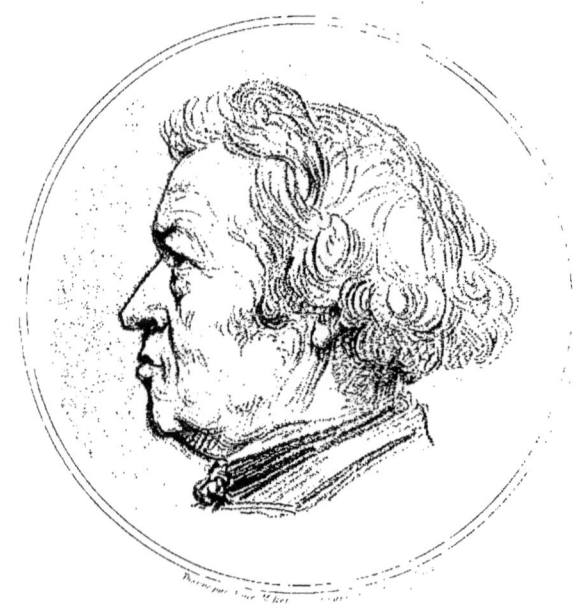

COROT

COROT

SOUVENIRS INTIMES

PAR

HENRI DUMESNIL

AVEC UN PORTRAIT

DESSINÉ PAR AIMÉ MILLET, GRAVÉ PAR ALPH. LEROY

> « Il est bon d'avoir dans l'âme un tiroir secret,
> pourvu qu'on y mette des choses saines. »
> A. DE MUSSET.

PARIS

RAPILLY, LIBRAIRE ET MARCHAND D'ESTAMPES

QUAI MALAQUAIS, 5

ET A LA LIBRAIRIE ARTISTIQUE, RUE BONAPARTE, 18

M DCCC LXXV

Tous droits réservés

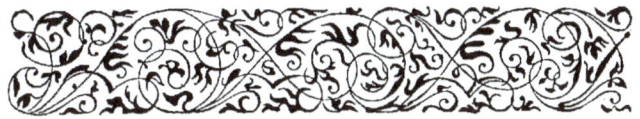

Amico, qui Jovem venerantur...

EPUIS *l'année 1854 jusqu'à la fin de sa vie, Corot a fait partie d'une réunion d'artistes où il est venu assidûment;* parmi ceux que les liens d'une ancienne amitié rassemblent depuis plus d'un quart de siècle, quelques-uns ont assisté à ses débuts, et sa longue carrière s'est accomplie sous leurs yeux. C'est là que nous l'avons connu, que tous l'ont aimé, et les présents souvenirs n'ont pas d'autre origine. Corot était le doyen de ce groupe d'amis, l'un des plus fidèles, des meilleurs; il y répandait le charme par sa franchise, sa gaieté, l'influence saine qui rayonnait de sa nature excellente, en un mot tout son cœur.

Les fragments que nous essayons de donner

ici sont loin, nous le savons, de rendre la saveur et l'allure qui appartiennent à la vie, à ces entretiens colorés par l'accent vif du langage, le son de la voix, animés par le geste, l'expression du regard et de toute la physionomie, parfois même par la passion; tout cela est dans le sommeil du passé. C'est une raison de plus pour parler de Corot simplement, avec sincérité; le plus souvent nous nous bornerons à donner les notes rapides prises à la suite de nos causeries, et nous chercherons à nous inspirer de son esprit droit et de sa conscience, afin de rendre à sa mémoire l'hommage que nos regrets doivent à l'ami, au grand artiste, à l'homme de bien.

Paris, 6 mars 1875.

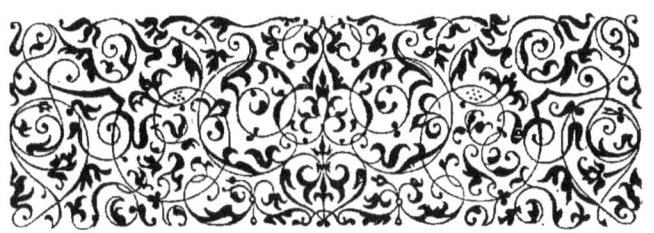

COROT

CHAPITRE PREMIER.

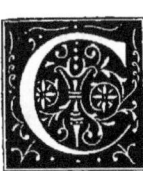OROT occupe une place considérable dans l'art de notre temps par son talent et par l'influence qu'il a exercée sur l'école du paysage; peut-être est-il permis d'ajouter qu'il appartient, dans une certaine mesure, à l'histoire générale de la peinture, parce qu'il est du très-petit nombre de ceux qui ont mis quelque chose d'intéressant, de personnel dans leurs ouvrages, et que tout en restant classique lui-

même, — ses dessins sont là pour le montrer, — il a réagi contre l'excès de traditions appauvries qui ne produisaient plus que des fictions conventionnelles sans aucun souci de la réalité. A force de vouloir être nobles, les pseudo-classiques étaient devenus secs et guindés et représentaient plutôt des décors conçus par l'imagination que la véritable nature.

Par son goût de l'antiquité, l'amour des lignes pures, le soin qu'il apportait dans ses compositions, Corot se rapproche des maîtres et resta dans leur voie. Avant lui, avant Michallon, son contemporain, qui servit de transition et prépara l'avénement de la manière moderne, malgré les indications données par Prud'hon dans certains fonds de ses tableaux, comme *le Zéphyr, Vénus et Adonis,* et, il faut le reconnaître, malgré le naturalisme apporté chez nous par l'école anglaise, qui la première avait repris la tradition des Hollandais et des Flamands, on avait tellement abusé du genre dit *historique,* on avait tant imité le Poussin et ses imitateurs qui l'avaient déjà amoindri, que l'art merveilleux auquel nous devons les *Bergers* d'Arcadie était devenu quelque chose d'aride, de compassé, une sorte d'abstraction sans vie et sans charme; on en était arrivé à des peintures froides, mal conçues et mal exécutées, qui ressemblaient au paysage à la façon des jouets donnés aux enfants en manière de forêt.

Le grand effort de Corot a consisté à vouloir allier le style avec l'amour de la nature ; un des premiers il a repris la route ancienne redevenue nouvelle par l'abandon où on l'avait laissée, celle des impressions qui sortent des aspects réels de la campagne. Il a trouvé bien des difficultés sur son passage et a lutté bravement, à son grand honneur, soutenu par le courage et la volonté, jusqu'au moment où la persévérance a trouvé la victoire au bout de cette épreuve qui a duré presque aussi longtemps que sa vie. On discute encore son exécution, sur laquelle bien des réserves ont été faites, mais personne ne peut songer à nier le but qu'il poursuivait et sa tendance vers l'idéal, car il a exprimé, selon ses facultés et à sa manière, le plus élevé des sentiments, celui qui résume tous les autres et ce qu'il y a de meilleur en nous : la poésie, l'émotion du cœur puisée à la source éternelle de la nature. C'est là l'impression qui se dégage de son œuvre, dans lequel, en regardant bien, on aperçoit la marque de ce qui est durable et digne d'être respecté, même par le temps : l'honnêteté, la franchise et une conviction inébranlable dans la poursuite du beau et du charme unis à la vérité.

Assez grand, fort, d'une constitution robuste, l'air sain, franc et enjoué, l'œil vif et doux, un accent de bonhomie mélangé de beaucoup de finesse, une grande mobilité dans l'impression du visage, tels sont les traits généraux de la physionomie sympathique de Corot; il avait le teint chaud et coloré, une mine *rouginaude,* comme disent les paysans, qui lui donnait l'apparence d'un vigneron de la Bourgogne. Il en était un peu : sa famille, par la branche paternelle, est originaire de cette province, et son grand-père était le fils d'un cultivateur de Mussy-la-Fosse, village situé aux environs de Semur, dans la Côte-d'Or. Il n'y a pas très-longtemps qu'il avait retrouvé la trace de son origine et celle de parents éloignés qui étaient restés dans le pays. Il est allé les visiter vers 1860 et nous disait, à propos de ce voyage : « La contrée est remplie de bons travailleurs qui portent le même nom que moi ; ils s'appellent dans les champs : « Hé ! Corot ! » on n'entend que ça. Je croyais toujours qu'on me demandait, et il me semblait que j'étais là comme en famille. »

Jean-Baptiste-Camille Corot est né à Paris le 26 juillet 1796. Son père avait, à l'entrée de la rue du Bac, au coin du quai, une maison de commerce de nouveautés, modes et rubans, et, selon son expression, « de frivolités et de fanfreluches qui nous ont donné l'aisance et même une petite fortune ». Il avait deux sœurs : l'aînée, Mme Sennegon, était d'une constitution très-délicate, ce qu'il attribuait à la date de sa naissance en 1794, par suite des émotions que sa mère avait éprouvées pendant la terreur ; il a toujours eu pour elle l'affection la plus vive, et l'a suivie de près dans la tombe. L'autre, Mme Forment, est morte jeune. Il est resté célibataire.

Vers 1806, son père l'envoya, par des raisons d'économie, au lycée de Rouen, où il avait obtenu de le faire admettre avec une demi-bourse [1]. Il y resta pendant sept ans et fit là toute son éducation. Selon l'usage en pareil cas, l'écolier sortait chez un correspondant, ami de son père, homme un peu sombre, qui aimait la solitude, les endroits écartés, et faisait généralement ses promenades le soir, au moment du crépuscule; il emmenait le jeune Corot aux environs de la ville, dans les chemins peu fréquentés, sous les grands arbres des prairies ou bien au bord de l'eau. Ces images se gravèrent dans l'esprit de l'enfant et il en conserva une impression profonde. Plus tard, revenu à Paris, il allait, pendant l'été, à Ville-d'Avray, où son père avait une maison de campagne, achetée en 1817, et qu'il a toujours conservée en commun avec sa sœur. Cette habitation était située près d'un étang, aujourd'hui disparu; et souvent, alors que tous dormaient, il restait dans sa chambre pendant une partie de la nuit appuyé à la fenêtre ouverte, absorbé dans la contemplation du ciel, de l'eau et des arbres. La solitude était complète, nul bruit ne venait troubler le rêveur

---

1. Corot m'a raconté lui-même ces détails et ceux qui suivent, le 15 décembre 1859.

sur ce coteau solitaire; il passait ainsi de longues heures l'œil emporté, et sans doute la pensée, dans cette atmosphère chargée d'humidité, imprégnée d'une sorte de moiteur visible, faite des vapeurs transparentes et légères qui s'élevaient au-dessus de l'eau.

Ces contemplations, ces recueillements, qu'on pourrait appeler les *méditations poétiques* de ce jeune homme, ont dû faire apparaître devant lui les premières visions encore vagues et flottantes des nymphes gracieuses, filles de son esprit, et les idylles vivantes qui bientôt vont se montrer dans ses paysages. Les souvenirs de l'enfance et les sensations qu'il avait reçues à Rouen se trouvaient ainsi renouvelés et s'enfonçaient plus profonds dans son cerveau; il leur attribuait une grande puissance sur sa manière de voir et de sentir les spectacles de la nature et sur toute sa destinée d'artiste. Dès qu'il prit le pinceau, il retrouva sans peine, et comme à son insu, les tons propres à rendre ce qui était resté dans son imagination, cette brume grise, légère et ambiante dont l'air est saturé, qui voile à demi les horizons et sert d'enveloppe au ciel de la plupart de ses tableaux.

Corot expliquait lui-même, de cette façon, l'origine de ses goûts, de ses penchants vers les choses poétiques; il y voyait le résultat de ces premières images aux formes indécises dans le détail, déterminées dans les masses, qui l'avaient frappé aux heures de la jeunesse et s'étaient gravées en lui, à l'âge où l'âme, touchée par certains aspects, recueille le butin

> Qui plus tard nourrira la vie.

Que sommes-nous, en effet, ou plutôt que sont les artistes, sinon des organisations délicates et sensibles, des traducteurs qui ont charge, en vertu des facultés dont ils sont doués, de communiquer aux autres les émotions qu'ils ont ressenties?

A cette époque, les aspirations du jeune homme n'étaient encore que des songes et n'avaient que la nuit pour confidente et pour témoin; la vie réelle et pratique le reprenait au lever du soleil. Obéissant à son père, pour lequel il a toujours eu un grand respect, il s'était laissé placer dans une maison de commerce, chez un marchand de drap du quartier Saint-Honoré, M. Delalain; puis il alla dans une autre maison, rue de Richelieu, où il a commencé à faire des dessins en se cachant sous le comptoir dès qu'il avait un instant de liberté. Son nouveau patron, plein d'indulgence, lui a facilité l'accès de la peinture en disant à M. Corot père qu'il ne ferait jamais rien de bon dans le commerce, et qu'on devait lui laisser suivre sa vocation. Il resta commis pendant huit ans, jusqu'en 1820, et a contracté là les habitudes d'ordre et de régularité dont il ne s'est jamais départi pendant le reste de sa vie; par exemple, il se levait d'assez bon matin, même en hiver, et pour être exact à son travail, vaincre la paresse et arriver « à *huit heures moins trois minutes à l'atelier* », il pensait, dès son réveil, au tableau en train. Aussitôt la préoccupation du ciel, des arbres ou des figures s'emparait de lui et le mettait sur pied, ne voulant pas perdre une parcelle du temps lorsqu'il pouvait l'employer de quelque façon utile pour son art; à l'ordinaire il chantait en s'habillant, puis courait à son chevalet à l'heure accoutumée.

Il était encore *dans la draperie* lorsqu'il fit connaissance avec Michallon, qu'un véritable succès de vogue accueillit à son retour de Rome [1]. Sa vocation pour la peinture, qu'il n'avait pas cachée à sa famille, fut probablement augmentée par la liaison qu'il venait de former avec un artiste en réputation, et un jour, s'étant armé de courage, il supplia son père de lui permettre de quitter le commerce afin de pouvoir suivre son penchant, de prendre le pinceau, car c'était ce qu'il désirait le plus au monde.

Le brave homme, en bon négociant, plaçait son idéal dans les affaires *où l'on réussit, où l'on gagne,* et il ne fut pas très-enchanté de la demande de son fils ; pourtant il fit connaître à quelles conditions il donnerait l'autorisation tant souhaitée : « Les dots de tes sœurs ont été prêtes à l'heure, dit-il, et bientôt j'espérais te pourvoir aussi d'un bon établissement, car te voilà tantôt en âge d'être chef de maison ; mais puisque tu refuses de continuer ton état pour faire de la peinture, je te préviens que, de mon vivant, tu n'auras pas de capital à ta disposition. Je te ferai une pension de

[1]. Le premier, il avait obtenu le grand prix de Rome, qu'on venait de fonder pour le paysage.

quinze cents livres [1]; ne compte jamais sur autre chose, et vois si tu peux te tirer d'affaire avec cela. » — Et Camille, bien ému, de répondre en embrassant son père : « Je vous remercie! c'est tout ce qu'il me faut, et vous me rendez très-heureux. »

Il a tenu parole, a su être heureux près de trente ans dans une petite aisance, sans dévier de sa ligne, ni désirer l'argent, satisfait de son indépendance et poursuivant sa tâche sans une faiblesse, en amant sincère de l'art, jusqu'au moment où le succès et la renommée sont venus récompenser son labeur honnête et sa foi!

Aussitôt qu'il fut libre, le jour même, ou à peu près, juste le temps nécessaire pour être muni des outils de l'artiste, il fit sa première étude au centre de Paris, tout à côté de la maison paternelle : il descendit sur la berge de la Seine, non loin du pont Royal, en regardant vers la Cité, et, plein de joie, se mit à peindre.

Tous ceux qui ont eu accès dans l'atelier de Corot connaissent ce début de son pinceau,

---

[1]. Cette somme représentait les intérêts de la dot d'une de ses sœurs qui faisait retour à la famille ; elle, étant morte sans enfants.

conservé avec amour, et dont il se plaisait à raconter l'histoire parce qu'elle lui tenait doublement au cœur. En nous montrant cette étude, il dit : « Pendant que je faisais ça, — il y a trente-cinq ans, — les jeunes filles qui travaillaient chez ma mère étaient curieuses de voir M. Camille dans ses nouvelles fonctions et s'échappaient du magasin pour venir le regarder ; une d'elles, que nous appellerons Mlle Rose, accourait plus souvent que ses compagnes. Elle vit encore, est restée fille et me rend visite de temps en temps ; elle était ici justement la semaine dernière. O mes amis, quel changement, et quelle réflexion il fait naître ! Ma peinture n'a pas bougé, elle est toujours jeune, elle donne l'heure et le temps du jour où je l'ai faite, mais Mlle Rose, et moi, que sommes-nous[1] ? »

Cette étude naïve, d'un ton gris et harmonieux, contient déjà le germe de plusieurs des qualités de l'artiste ; en partant d'elle et en suivant toutes les autres, on assisterait à la marche et au développement de son talent, car partout

[1]. Visite chez Corot le 8 décembre 1858, avec MM. Troyon, Français et Busson.

dans ses voyages, non-seulement Corot a beaucoup dessiné, mais il a toujours fait des esquisses peintes, et depuis la berge du pont Royal jusqu'en Italie, on peut parcourir avec lui bien des contrées, y compris mon Gâtinais paisible.

Plusieurs de ces études sont célèbres : celles de Gênes, de Tivoli, du pont Saint-Ange, et leurs fortunes ont été très-diverses ; celle du Colisée l'a sorti des ténèbres, a commencé sa réputation et nous en dirons l'histoire, tandis que d'autres ont été payées quinze sous! une, par exemple, trouvée sur le quai (où Corot demeurait alors) par un amateur, qui vint la lui montrer pour savoir si « elle était vraiment de sa main ?

— Oui, parfaitement, c'est bien de moi.

— Le marchand me l'avait bien dit, mais je n'osais pas le croire, vu la modicité du prix.

— Eh bien! si ce n'était pas de moi, à quel prix aurait-elle pu aller[1] ? »

Toutes ces petites toiles sont comme les feuilles détachées qui résument l'existence et l'œuvre de l'artiste, ses tentatives, ses progrès

---

1. M. Hanoteau assistait à ce dialogue, dans l'atelier de Corot, vers 1849.

comme ses faiblesses, ou l'hésitation qu'il a pu éprouver à certains moments entre les chemins qui s'ouvraient devant lui. Corot y tenait beaucoup, et il pouvait constater avec une grande satisfaction, au soir de sa vie, que si ses études offraient des qualités inégales, leur tenue générale était saine et ne laissait jamais voir de défaillance dans la ligne suivie.

Il n'en a jamais vendu une seule et n'en a perdu qu'un petit nombre : — une douzaine en trente-cinq ans ; — parfois il en rentrait, qu'il avait prêtées, après de longues absences, alors qu'elles étaient oubliées ; une entre autres, restée quatorze ans dehors, est revenue « *ces jours derniers* » au bercail [1]. Il se réjouissait de pouvoir conserver tant de précieux souvenirs jusqu'à son dernier souffle, et de retrouver avec eux les impressions d'autrefois, et presque la présence des amis dont il était entouré alors :

« Celle-ci, — il désignait l'une des études, — c'est avec Michallon que j'étais quand je l'ai faite ; lui, mort si jeune, à vingt-six ans,

---

1. Visite chez Corot, avec Français, le 28 mars 1870.

au moment où je commençai la peinture. C'était un talent qui serait devenu très-fameux. Pour revenir à mes quinze ans, je n'ai besoin que d'une poignée de feuilles de noisetiers; j'y trouve un parfum qui me reporte en pleine jeunesse et me rappelle une de mes premières et plus vives impressions qui renaît avec cette senteur [1]. »

Aussi, à chaque printemps, Corot s'envolait à la campagne sentir les pousses nouvelles, et avril le voyait à Ville-d'Avray ou chez ses anciens amis, les marchands de drap; ce mois leur était ordinairement consacré. Le mauvais temps ne l'arrêtait guère : « Ça ne fait rien, disait-il, je vais là pour me reposer... en travaillant. Songez, je n'ai plus qu'une trentaine d'années à vivre, — encore, en mettant les quatre au cent, — et ça passe si vite! en voilà soixante-dix d'envolées, et il me semble qu'elles ont été rapides comme les voyages qu'on accomplit dans un rêve. Il ne faut pas gaspiller le reste, qui filera encore plus promptement [2]. »

1. Visite du 28 mars 1870.
2. *Idem.*

Michallon, le camarade de Corot, fut aussi, pour un instant, son premier maître ; les préceptes qu'il lui donna peuvent être résumés en quelques mots : se mettre en face de la nature, tâcher de la rendre exactement; faire ce qu'on voit et traduire l'impression reçue. Le conseil était bon, et c'est à peu près ce que Corot disait à son tour aux jeunes gens. Par malheur, Michallon ne put suivre les travaux de son élève. La mort le prit tout jeune, à vingt-six ans[1], et il fallut chercher un nouveau guide.

C'était l'époque des triomphes de Victor Bertin et de Watelet, on parlait d'eux avec enthousiasme, et il n'est pas sans intérêt d'écouter M. Thiers s'écriant : « Le dirai-je à M. Watelet? il a fait un chef-d'œuvre[2]. » Le futur historien, alors nouveau venu au *Constitutionnel*, subissait les inspirations du peintre Granet, qui était d'Aix, et son quasi-compatriote, auquel il avait été recommandé; il n'était pas classique et n'avait pas un goût bien

---

1. Son dernier tableau, *OEdipe et Antigone auprès du temple des Euménides,* fut exposé en 1824, après sa mort.
2. Salon de 1822, page 138.

CHAPITRE PREMIER.

prononcé pour le Poussin ainsi qu'on le voit dans l'appréciation qu'il fait de ce grand maître : « Il composa ce qu'on appelle le paysage historique... mais ces paysages n'ont rien de la grande nature et n'en rendent pas le fier et sauvage caractère [1]. » Le caractère *fier et sauvage* n'est pas le seul aspect que présente la nature, et c'est être exigeant de vouloir qu'on la reproduise toujours à ce point de vue, mais la vivacité de ce langage nous fait voir assez bien que le goût préparait une révolution ; c'était dans l'air, et cependant M. Thiers, malgré sa fougue dans le sens des réformateurs, passe à côté de Michallon [2] sans le reconnaître, et ne dit pas un mot de cet artiste qui avait débuté avec éclat.

Corot, privé de son ami, entra chez Victor Bertin, pur classique, mettant tout en ordre, et dont les tableaux rappellent, si l'on peut dire, la froideur des accessoires de tragédie ; ce n'est pas sous une telle direction qu'il aurait pu acquérir la souplesse, la manière de

[1]. Salon de 1822, page 138.
[2]. Il avait au Salon, cette année-là, un paysage inspiré d'une vue de Frascati.

rendre les masses, la transparence de l'atmosphère, le frémissement du feuillage, la résultante de l'effet général; en un mot, les côtés délicats et tendres de la nature. Toutes ces qualités, heureusement, il les avait en lui assez bien enracinées pour avoir pu résister à l'influence de Bertin, et les leçons qu'il reçut dans son atelier lui furent salutaires au point de vue de la précision du dessin, de la charpente et de la composition; il ne les oublia jamais par la suite, et les conseils d'Aligny et d'Édouard Bertin, qu'il connut bientôt à Rome, les rendirent encore plus solides.

Ces deux artistes, très-épris de l'antiquité, aimaient les choses sévères, mais ils comprenaient fort bien les grandeurs de la nature; il ne leur a manqué qu'un peu de charme dans l'exécution pour marquer plus grandement leur place et arriver au delà du succès d'estime dont la ligne est si difficile à franchir.

Corot visita l'Italie pour la première fois en 1825 et retrouva à Rome[1] la pléiade des

---

1. La première, ou une de ses premières études, faite dans cette ville, est datée de décembre 1825.

jeunes peintres français parmi lesquels étaient Léopold Robert, Schnetz, Aligny, Édouard Bertin, Bodinier, etc...; Chenavard, qui arriva à la fin du séjour de Corot, en 1827. Pierre Guérin dirigeait l'académie. Le nouveau venu fut bien accueilli, comme bon garçon, à cause de son caractère, et non de sa peinture dont il n'était pas question ; on aimait sa nature enjouée, il chantait bien, et le soir, au restaurant *della Lepre,* entonnait avec entrain :

> Je sais attacher les rubans,
> Je sais comment poussent les roses.

romance à la mode, qu'il traduisait à sa manière avec beaucoup d'esprit et de verve, et, au dire d'un auditeur d'alors, de la même façon que dans ces derniers temps[1]. Là, ou bien au *café Grec,* lieu habituel des réunions après le travail du jour, on l'écoutait avec plaisir, mais c'était tout; on ne prêtait aucune attention à ce qu'il faisait et lui-même était traité parfois avec une pointe d'ironie. En somme, porté à la réserve par son tempéra-

---

1. Nous l'avons entendu encore en 1874.

ment, il restait timide à l'endroit de ses travaux et sa place était modeste dans le cénacle.

Les choses allèrent ainsi jusqu'au jour où Aligny, qui avait de l'autorité en matière de paysage, étant passé auprès de Corot, occupé à faire une étude du *Colisée,* fut frappé de sa justesse, et regardant ce morceau avec attention, il dit, tout en exprimant sa surprise, qu'il y trouvait des qualités de premier ordre : l'exactitude, l'habileté, le grand aspect avec lequel ce motif admirable était rendu. Il félicita l'auteur, qui crut d'abord à une plaisanterie et se montrait peu disposé à l'accepter; mais Aligny donna à ses éloges une insistance sérieuse, puis, le soir, il les répéta devant les camarades, avec de bonnes raisons à l'appui, et conclut en disant que c'était un talent qui se révélait et que ce jeune homme, resté jusqu'à présent dans l'ombre, méritait d'être salué et pourrait bien devenir leur maître à tous.

Celui dont on parlait de la sorte arriva sur ces entrefaites et fut complimenté par les assistants qui prirent une autre allure à son égard. Sa situation fut, pour ainsi dire, changée instantanément; les louanges d'Aligny avaient fait ce miracle; son jugement était respecté, venant d'un homme grave, habile, et qui ne devait pas se tromper.

A partir de ce moment, l'auteur de la belle *Étude du Colisée*[1] fut considéré comme étant un artiste de valeur et d'avenir. Soutenu par l'exemple et les conseils d'Aligny, qui fut le révélateur de son talent et lui donna la confiance, ce grand ressort qui soutient la vie, il consacra une partie de son temps à faire des dessins d'après nature. On reconnaît facilement ceux qui sont de cette époque à la préoccupation qui le tient de rendre ce qu'il voit d'une façon juste et vraie, à la fermeté et à l'exactitude; ils sont très-serrés d'exécution, rien n'y est laissé à la fantaisie qu'on trouvera plus tard dans un certain nombre de ses ouvrages; et comme marque spéciale, il y a des traits d'encre afin de mieux arrêter les contours.

Corot fut profondément touché de l'approbation d'Aligny, de celui qui le premier avait

---

1. *La Chronique des Arts*, du 27 mars 1875, annonce qu'elle a été léguée au Louvre par Corot. Cette étude est sur bois : h. 0,23 c.; l. 0,34. Datée : Décembre 1825.

découvert les germes de son talent et lui avait fait entendre des paroles fortifiantes. Il garda toujours pour cet artiste sérieux une grande estime, et l'attitude qu'il gardait devant lui, même dans ces dernières années, marquait encore une nuance visible de respect. M. H. Hanoteau, qu'il conduisit un jour à son atelier de la rue Monsieur-le-Prince, nous a dit combien il avait été surpris de le voir timide et pour ainsi dire petit garçon en présence de celui qu'il regardait comme son véritable maître ; il vantait souvent d'une façon spéciale le tableau de *Saül* qu'il trouvait superbe, et n'a jamais parlé légèrement de ses autres ouvrages honnêtes, bien construits, aux belles lignes, ayant parfois un bel accent de la nature, — ses études, par exemple, — et auxquels il aurait fallu seulement dans la facture un grain de charme.

Le souvenir d'Aligny était resté si vivant dans son cœur qu'en 1874, lorsque l'inhumation de son ancien camarade de Rome, mort à Lyon après la guerre (1871), eut lieu au cimetière Montparnasse, dans son tombeau définitif, il ne manqua pas de s'y rendre. C'était en hiver, le matin, à huit heures ; il faisait à peine jour et la neige tombait pour fondre aussitôt qu'elle avait touché la terre ; le ciel était blafard et lugubre comme la scène qu'il éclairait; il y avait peu de monde, et tout contribuait à augmenter la tristesse de la cérémonie. Mme Aligny voyant Corot qui grelottait, vint à lui et le pria de s'en aller, mais il ne voulut pas y consentir. — Dans le tantôt de ce même jour, il m'a raconté ces détails. Nous venions de quitter ensemble son atelier, et un rayon de soleil perçait la brume : « Ah! dit-il, il fait meilleur à présent que ce matin au cimetière, mais c'était pour moi un devoir, une dette sacrée. » Pouvait-il exprimer mieux, d'une façon plus délicate et plus simple, qu'un demi-siècle écoulé lui laissait une mémoire fidèle, et n'avait pas affaibli sa reconnaissance pour le suffrage reçu aux jardins de César[1] ?

Édouard Bertin, aussi connu comme directeur du *Journal des Débats* que comme peintre,

---

[1]. On s'occupe présentement de placer le buste d'Aligny au musée de Nevers ; il est né aux environs de Saint-Pierre-le-Moustier (Nièvre). Corot avait offert de concourir à la réalisation de ce projet.

était à peu près dans la même voie qu'Aligny, et Corot a pu bien des fois apprécier la bonté de son goût.

« Combien, disait-il, à propos des dessins de Bertin, ses conseils m'ont été utiles ! Quelle manière simple et grande de voir la nature ! C'est aussi à lui que je dois d'être resté dans la voie du beau ; et quel instinct ! Quand nous allions tous trois, avec Aligny, cherchant un motif dans la campagne de Rome, Édouard était toujours le premier à l'ouvrage et à la bonne place ; il n'y avait pas à dire, c'était le bon endroit qu'il avait choisi ; enfin, ajoutait-il dans son langage pittoresque, c'était de nous trois celui qui savait le mieux s'asseoir [1]. » Peut-être, mais des trois amis qui parcouraient l'Italie à la recherche du style et de la grandeur, c'est Corot qui a su s'élever le plus haut.

Ce qui constitue sa première manière, où il est plutôt sec que vaporeux, a son point de départ dans les études qu'il fit alors ; tous ses efforts tendaient à allier la noblesse de la

---

[1]. Lettre publiée dans le *Journal des Débats* du 28 février 1875.

composition avec la vérité et les impressions résultant de l'effet et de l'ensemble du motif ; la trace en est visible dans le *Saint Jérôme* et dans plusieurs autres sujets où il a placé des personnages, et jamais elle ne s'efface tout à fait. Alors même que plus tard, emporté par son amour de la nature, il ne peindra plus guère que des paysages, son respect primitif pour le caractère et l'harmonie des lignes perce toujours.

Pendant ce voyage, Corot séjourna principalement à Rome, mais il alla aussi à Naples, où il a fait plusieurs études, et dans d'autres parties de l'Italie. Nous ne pouvons pas affirmer qu'il se soit rendu à Venise à cette époque, quoi qu'on ait supposé que la *Vue du grand canal* soit de ce temps-là. Nous croyons plutôt qu'elle a été faite en 1835.

CHAPITRE II.

son retour en France, en 1827, Corot paraît pour la première fois au Salon cette même année, et à partir de cette époque jusqu'en 1875, il n'a jamais quitté le champ de bataille des expositions. Pour lui, en effet, on peut dire que c'était la lutte, et elle a duré longtemps. Il était seul de son parti, ne se rangeait sous aucune bannière, voyant à sa façon, assistant à des tentatives nouvelles qui, malgré leur valeur incontestable, ne répondaient pas à ses instincts. Il voulait bien être exact, mais en même temps il sentait en lui une flamme, celle de la poésie, qui demandait à être satisfaite, et il ne pouvait se plaire dans la seule traduction matérielle des choses, dans un naturalisme exclusif, très-fort assuré-

CHAPITRE DEUXIÈME.

ment, mais où son tempérament n'était pas à l'aise. De là vient l'inattention, le demi-dédain qu'on avait pour ses ouvrages.

On était cependant attiré alors vers les novateurs qui, à la suite de Géricault, cherchaient à secouer le joug des traditions, en paraissant oublier que le grand talent est toujours libre, se fait écouter d'où qu'il vienne, et s'impose, comme l'avaient prouvé David rompant avec son époque pour remonter à l'antiquité ; Prud'hon, qui avait retrouvé sa parenté avec le Corrége ; Gros, qui ne ressemble à personne, puis Ingres, le serviteur respectueux des errements des maîtres de la Renaissance, marchant aussi seul et dans sa foi.

Mais l'évolution romantique est venue tout autant des écrivains que des artistes, et ses précurseurs datent de la fin du xviiie siècle, depuis Bernardin de Saint-Pierre et Jean-Jacques Rousseau jusqu'à Gœthe, Byron, Victor Hugo et Lamartine. Un mouvement considérable s'était produit dans la littérature étrangère, aussi bien qu'en France, et en vertu de cette impulsion la vitesse acquise arrivée à son dernier terme allait produire l'éclosion d'un art qui se croyait puisé à des sources nouvelles, tandis qu'en réalité il était tout chargé de réminiscences, ainsi qu'il arrive aux civilisations déjà vieilles, en quête d'une naïveté qui n'est plus dans leur essence. La mise en œuvre de ces éléments divers fit naître une sorte d'éclectisme qui détruisit l'unité des productions d'un même temps et donna comme un alliage provenant de la fonte de différents métaux réunis ensemble à la sortie du creuset.

Le Salon de 1822 en fournit l'exemple : à côté de la *Barque du Dante*, d'Eugène Delacroix, se tient *Corinne sur le cap Misène*, et il y a de tout dans ces deux toiles, même une parcelle de génie, mais elles sont d'un ordre composite, si l'on peut ainsi dire, et bien loin de la naïveté. La mêlée existait aussi dans le paysage ; après la mort de Michallon, la division s'était accentuée ; Victor Bertin avait encore ses partisans, mais le plus grand nombre penchait pour Watelet ou pour Paul Huet.

Un autre parti commençait à paraître, venant de l'étranger, et on regardait curieusement les ouvrages de deux peintres anglais,

CHAPITRE DEUXIÈME.

célèbres plus tard, Bonington et Constable, qui venaient chercher parmi nous la consécration de leur talent et d'une interprétation nouvelle. Bonington était déjà un habitué de nos Salons lorsque nous trouvons Corot entre lui et Constable, à sa première exposition, en 1827, l'année de l'*Apothéose d'Homère* et de l'apparition de Decamps.

Pour ses debuts, il présenta deux tableaux qui ne furent guère remarqués : la *Vue prise à Narni*, et *la Campagne de Rome*. En 1831, — il n'y avait pas eu de Salon depuis 1827, — il est en compagnie de J. Dupré, de Marilhat et de Rousseau ; MM. Cabat et Troyon paraissent en 1833. Ces émules, qui débutèrent après lui, furent admis plus tôt par le public. Corot les admira comme il applaudit dans la suite aux succès de Diaz, F. Millet, Daubigny et Français, mais sans être ébranlé dans sa marche.

Peu après il retourna une seconde fois en Italie, dans le nord, et n'alla pas jusqu'à Rome, à cause d'une lettre de son père qui s'affligeait de son absence prolongée. Il était alors à Venise. Cette lettre le rendait soucieux et il ne savait trop quel parti prendre, lorsqu'en se promenant sur la place Saint-Marc, Léopold Robert, qu'il avait connu à Rome[1], l'aborda en lançant cette apostrophe classique :

D'où vous vient aujourd'hui cet air sombre et sévère?

Corot lui expliqua sa situation et montra la lettre qu'il venait de recevoir ; après l'avoir lue, Léopold Robert lui dit : « Rentrez à Paris, si vous voulez m'en croire; vos parents sont vieux, ne leur faites pas de chagrin[2]. » La résolution du retour fut prise immédiatement; Corot écrivit à E. Bertin, qui l'attendait à Florence, de ne pas compter sur lui, et il reprit aussitôt le chemin de la France.

Puisque le nom de Léopold Robert vient d'être prononcé, nous dirons en passant l'opinion de Corot touchant la fin de cet éminent artiste, son ancien camarade de Rome. On attribue généralement sa mort à des chagrins d'amour; donnant des leçons à la princesse Charlotte, il aurait conçu pour elle une passion qui l'aurait porté au suicide. Corot ne

---

1. Corot avait fait alors une copie d'un de ses tableaux, *les Bœufs d'Italie*.
2. Entretien avec Corot, le 19 janvier 1862.

croyait pas à cette légende si répandue ; il y avait, disait-il, dans la famille de Robert, des précédents de maladies mentales qui expliquaient d'une façon naturelle sa fatale résolution ; à son avis, elle serait le résultat de transmissions héréditaires, de ces germes que Montaigne appelait des *monstres mystérieux,* — lesquels se développent à un moment donné, sous une influence inconnue, pour le moindre motif, et qui deviennent la cause déterminante d'une action sans en être la raison principale. A l'époque du départ de Corot, en 1835, Léopold Robert était déjà taciturne et sauvage, d'humeur sombre.

Parfois, chez Mme Cataneo, où il logeait avec plusieurs autres artistes, — Joyant, je crois, était du nombre, — il s'étendait sur une grande table, dans une pièce retirée, et passait ainsi de longues heures ; si par hasard quelqu'un entrait, il ne bougeait ni ne parlait, ne donnait aucun signe de vie. Corot l'a vu plusieurs fois dans cette situation et paraissant fort occupé à broyer du noir ; il en avait conclu que ses facultés étaient déjà troublées. Il lui demanda un jour à voir son tableau des *Pêcheurs*, et Robert répondit, en répétant à plusieurs reprises avec un accent singulier : « C'est impossible, impossible, je ne puis le montrer ! » Ce refus, tout simple s'il eût été adressé à un étranger, à une connaissance, était bizarre vis-à-vis d'un camarade et révélait la présence du papillon noir qui déjà tourmentait son cerveau et l'a poussé à se donner la mort.

Qui croirait que Corot, dans ses ciels, s'est beaucoup préoccupé de Titien? Il nous l'a dit lui-même[1]; cependant l'analogie n'est pas apparente ni dans la forme ni dans la couleur, et sauf quelques études faites à Venise, rien ne rappelle les grands partis de lignes et la vigueur du puissant coloriste. En peignant la lumière, Corot nous semble se rapprocher davantage de la manière de Claude, avec moins d'éclat, mais chez lui l'atmosphère est vibrante et rayonne sous un voile léger; c'est sa qualité propre, et en cela il obéit à son instinct; il est toujours lui-même, et s'il avait fait des copies, on peut être certain qu'elles n'auraient pas été

---

1. *Ut supra.*

justes et que, comme Rubens lorsqu'il a reproduit d'autres maîtres, il y aurait mis sa personnalité.

De ce voyage, Corot rapporta des études de marines et des vues prises dans le Tyrol italien dont il s'inspira pour composer des tableaux; l'un d'eux est inscrit au livret de 1835 : *Vue prise à Ripa (Tyrol italien).* Peut-être a-t-il trouvé aussi dans cette contrée le motif du paysage avec figures intitulé *Diane surprise au bain,* exposé l'année suivante en même temps qu'une *Campagne de Rome*, et *Effet d'hiver*. Cette toile fut remarquée et obtint l'honneur d'une citation de la part d'un délicat, d'un très-grand poëte. Alfred de Musset, pour cette fois seulement, fit, cette année-là, — 1836, — le Salon dans la *Revue des Deux Mondes,* et parmi les jeunes paysagistes dont les œuvres méritent de fixer l'attention, il nomme « Corot, dont la *Campagne de Rome* a des admirateurs » ; ce fut son premier succès en face du public; quoique mince, il avait son prix, si l'on considère, rapprochement singulier, que ce mot d'encouragement venait d'un poëte et s'adressait à un autre poëte bien fait pour l'entendre.

Entre ces deux esprits l'affinité devait être facile, et le peintre répondit dans la suite au petit éloge qu'il avait reçu en faisant le tableau qu'il a intitulé *l'Étoile du soir*[1], l'une de ses compositions les plus délicieuses, pleine de rêverie, peut-être la meilleure de son œuvre à cette époque, au dire de juges très-expérimentés[2], et tout à fait digne des vers d'Alfred de Musset :

> Pâle étoile du soir, messagère lointaine,
> Dont le front sort brillant des voiles du couchant,
> De ton palais d'azur, au sein du firmament,
>   Que regardes-tu dans la plaine?

Gustave Planche, — qui fut un des nôtres, — parle de Corot en 1837, à propos du *Saint Jérôme*, qui est le tableau donné à l'église de Ville-d'Avray, il y a vingt-six ans, et il le traite assez sévèrement. Lui qui souhaitait si fort le renouvellement du paysage et fit connaître un des premiers (Salon de 1833) l'influence exercée par l'école anglaise, il n'a pas

---

1. Il était à l'exposition du boulevard des Italiens en février 1860.
2. Entre autres Chenavard.

compris tout de suite la tendance vers l'idéal qu'apportait le nouveau venu dans la peinture; cependant il désirait que « sa voix fût entendue, que les peintres et les sculpteurs comprissent le néant du réalisme. Je voudrais que mon opinion, qui n'est pas une opinion solitaire, trouvât des échos de plus en plus nombreux, et convertît à l'idéal tous les esprits qui s'obstinent dans l'imitation prosaïque de la nature. Je ne demande à mon pays qu'un retour à l'idéal. »

Il prenait, comme on voit, les choses de haut, étant bien persuadé que les arts sont une puissance considérable dans l'État, qu'ils ont un grand rôle sur la marche de la civilisation, et marquent le progrès et la décadence des peuples. Il était dans le vrai et soutenait les saines doctrines; l'on s'étonne un peu, après cela, qu'il n'ait pas compris Corot à livre ouvert. Il ne fut pas long, du reste, à reconnaître son mérite. L'année suivante, après avoir constaté que le tableau de *Silène* « est à peine remarqué », il ajoute : « Le paysage est conçu de telle sorte qu'il se passerait très-bien des figures », et partant de là, il engage l'artiste, s'il veut en placer dans ses compositions, à ne pas oublier que Poussin a toujours étroitement relié ses figures et ses paysages; enfin il reconnaît qu'il s'occupe de l'idéal et que son ambition mérite d'être applaudie.

Il s'exprime encore plus nettement en 1840 : « Ce paysage, dit-il, en parlant d'un *Soleil couchant*[1], est d'un aspect délicieux, et cause le même plaisir que la lecture d'une belle idylle antique. » Cette fois, la glace est rompue, la note est juste et l'admiration est complète, sauf quelques réserves se rapportant à l'exécution.

Mais cette exécution tant attaquée, n'est-il pas possible de la défendre, malgré la grande autorité de l'éminent critique, et d'expliquer qu'elle est incomplète plutôt en apparence qu'en réalité? La facture, le procédé, c'est le métier qu'il faut avoir dans la main, comme l'ouvrier qui doit savoir se servir de son outil, mais quand même il en connaît l'emploi, cela ne dit pas qu'il fera bien sa besogne. Non, le

---

1. Corot avait trois tableaux au Salon de cette année.

moyen est presque indifférent et toujours bon pourvu qu'on se fasse bien entendre. Les grands maîtres sont là pour le prouver; ils n'ont, quant à l'exécution, aucune théorie absolue, aucune règle fixe, aucun parti préconçu; chacun a sa *manière,* résultat de l'habitude ; c'est ce qui constitue le tour de main, qu'on appelle le *faire* du maître, mais ils n'en sont jamais les serviteurs, puisqu'il leur arrive de changer leur *manière* selon les conceptions nouvelles et le développement de leur génie. Les talents supérieurs, arrivés à leur force, ne subissent aucun joug traditionnel, et, quelle que soit l'habileté de l'exécution, le véritable mérite, tout moyen mis à part, est dans ce qu'on a voulu faire, dans ce qu'on parvient à exprimer et à rendre sensible, puisque tel est le but suprême de l'art.

Si Corot n'a pas une exécution achevée, dans l'acception ordinaire du mot, si parfois même il ne donne qu'une indication, n'est-il pas juste d'ajouter qu'ordinairement, et sauf quelques exceptions, il fait voir au delà de ce qu'il a mis sur la toile, qu'il fait rêver et emporte la pensée? Or, c'est le but suprême de tous les arts. Le métier a sa puissance, et Chardin est admirable par sa facture; mais, en conscience, il n'est pas possible de se sentir ému à l'aspect d'une marmite ou d'une botte de navets. On a beau dire : c'est l'œuvre d'un vrai peintre; oui, assurément, il réjouit toujours les yeux, mais il ne parvient que rarement à toucher l'âme, excepté quand il applique la verve de son pinceau à des portraits, ou à rendre quelque scène vivante. La donnée de Corot est différente, chez lui le sentiment l'emporte sur la main; il évoque la fée qui nous charme, et il use si bien de sa baguette magique, qu'avec lui on est comme dans une contrée à la fois réelle et fictive où il lui plaît de nous introduire à son gré, sans que nous connaissions le chemin par lequel il nous a conduits.

G. Planche, au fond, était de cet avis, lorsqu'il écrivait à propos d'un *Effet du soir*[1] : « M. Corot est assurément une des imaginations les plus poétiques de notre temps, et chacune de ses œuvres porte l'empreinte de

1. Salon de 1847.

son imagination. » La touche est juste; et voilà enfin l'artiste classé au premier rang. Il avait été décoré à la suite du Salon de 1846, où se trouvait une *Vue prise dans la forêt de Fontainebleau,* — il avait fait là une de ses premières études en octobre 1822, avant d'aller en Italie. Corot venait d'atteindre exactement sa cinquantième année; désormais il a sa place au soleil, mais il est loin encore d'être adopté par « la foule idolâtre et pleine d'enthousiasme [1] » qui, sur le tard, viendra assiéger son atelier de la rue de Paradis-Poissonnière; il n'avait, il est vrai, conquis que les délicats, mais c'était assez, puisque leur suffrage entraîne tous les autres.

Toujours attiré vers l'Italie, Corot fit son troisième voyage en 1843; la durée n'en fut pas longue, cinq ou six mois au plus. Cette fois, avant d'aller à Rome, il s'arrêta à Gênes, et fit de cette ville une *Vue générale,* qui, par ses qualités et la lumière limpide qui l'éclaire, est digne d'être placée au même niveau que l'étude du *Colisée,* et mérite une mention à

---

1. Ces mots sont de lui.

part, ainsi que celles de *Tivoli* et de *Nemi,* qui sont également de cette époque.

Nous pensons qu'il faut placer vers le temps de son retour à Paris un morceau capital de son œuvre et l'un des moins connus, bien qu'il soit d'une importance extrême; nous voulons parler de la grande composition qui orne la chapelle des fonts baptismaux dans l'église Saint-Nicolas du Chardonnet.

Il a sans doute fait cette peinture après le second ou le troisième voyage en Italie [1]. Le magnifique paysage à gauche en entrant dans la chapelle, dans lequel s'accomplit le baptême de Jésus-Christ, rappelle tout à fait par le caractère et le style les premiers dessins faits avec Aligny dans l'*agro romano,* et la facture large et facile a une fermeté et une chaleur qui appartiennent à sa manière primitive, alors qu'il avait sous les yeux une atmosphère plus limpide et d'un ton plus monté que celui de notre climat. C'est un panneau de grande dimension

---

[1]. Un ami de Corot, M. B., nous indique la date de 1842 ou 1843. Des esquisses de figures se rapportant à cette composition sont données comme étant de 1841-1842; c'est bien la même époque.

en hauteur, bien rempli par des arbres au feuillage léger, une rivière, et, au fond de la perspective, vers la gauche, par les monuments d'une ville superbe ; mais ce qu'il y a de plus extraordinaire dans cet ouvrage, ce sont les figures ; il y en a neuf, sans compter l'ange qui plane dans le ciel ; elles sont de grandeur naturelle, bien groupées, dans de belles attitudes et faites de telle façon qu'elles pourraient être signées par un *peintre d'histoire*. Des artistes ont pensé qu'il avait eu, pour les faire, un collaborateur ; on pouvait être porté à le croire et à ce sujet le doute semblait permis, mais des esquisses de figures se rapportant à cette composition ont été retrouvées à l'atelier, et le panneau est signé en toutes lettres : « C. Corot », sans date ; à l'église on ne sait rien.

La composition de droite, *Jésus guérissant les aveugles de Jéricho*, qui fait face à celle-ci, est de M. Desgoffe, qui l'a exposée, en 1852, au Palais-Royal. On l'avait attribuée à Aligny, par suite d'une certaine parenté de style, mais c'est à Saint-Étienne du Mont que cet artiste a décoré la chapelle des fonts baptismaux.

La peinture de Corot, presque unique dans ce genre, n'en est pas moins une révélation de sa puissance et de son aptitude pour le grand art qui comporte tous les sujets, et tel que l'ont compris le Titien, Poussin et les véritables grands maîtres, y compris Rembrandt. Le paysage, d'ailleurs, n'était pas autant qu'on semble le croire le seul but des recherches de Corot, et, plus d'une fois, il a abordé des compositions historiques, nous le verrons dans la suite, mais, à l'exception du Christ au Jardin des Oliviers, jamais il ne les a traitées avec plus d'ampleur et de sûreté que dans le panneau de cette chapelle ; il a prouvé là, un jour, qu'il pouvait marcher dignement dans le chemin des grands peintres, car l'œuvre est belle et le classe dans l'ordre le plus élevé. Il resterait à savoir pourquoi il l'a entreprise, si c'est une commande de la ville ou de l'État qui ne se sont pas montrés prodigues dans l'emploi de son pinceau, ou tout simplement si c'est un don fait par lui à l'église, qui, parmi ses paroissiens, comptait son grand-père, — celui-là même qui avait quitté son village de Bourgogne, Mussy-la-Fosse, où il était né,

CHAPITRE DEUXIÈME.

pour venir s'établir à Paris rue des Grands-Degrés, ou du Haut-Pavé, près la place Maubert, où il exerçait la profession de perruquier-barbier[1], ce qui, au siècle de Beaumarchais, n'était pas peu de chose, on l'a vu assez par le bruit que fit alors l'homme de Séville.

Déjà Corot avait peint, en 1835, *Agar dans le désert;* en 1836, un *Saint Jérôme,* qu'il donna à l'église de Ville-d'Avray vers 1849; puis il a exposé au Salon de 1840 une *Fuite en Égypte,* en même temps qu'un *Moine;* et, en 1841, *Démocrite,*

> Cherchant dans l'homme et dans la bête
> Quel siége a la raison, soit le cœur, soit la tête;
> Sous un ombrage épais, assis près d'un ruisseau [2].

On juge, par ces sujets, quelles pensées sérieuses l'ont occupé pendant cette période de sa vie; elles sont comme le prélude du *Baptême du Christ,* cette belle page où il a résumé les plus nobles aspirations, la justesse des lignes

---

1. Extrait d'une lettre de M. V. Corot.
2. La Fontaine, liv. VIII, fab. XXVI. Ce tableau a été lithographié par Français.

et des valeurs, la beauté du style et l'harmonie de la nature.

Corot n'a jamais abandonné tout à fait le genre des compositions graves, et si la fin de sa carrière a été surtout consacrée à rendre les côtés gracieux et charmants du paysage, c'est peut-être à cause du retour que l'âge opère en nous, vers les impressions de jeunesse. Dans sa maturité et sa pleine force, il est sorti souvent de son domaine habituel, « des poëmes qu'on ne saurait trop louer[1] ». Par exemple, en 1849, il a peint la toile magistrale de *Jésus au Jardin des Oliviers*[2] qui est de son plus grand style et digne d'être placée au même niveau que le *Baptême du Christ* de l'église Saint-Nicolas du Chardonnet. L'*Homère* appartient aussi à cet ordre d'idées.

Souvent auprès d'un sujet qu'on pourrait croire inspiré par Théocrite, il s'en trouve un autre sorti de la lecture de la Bible, par exemple l'*Incendie de Sodome*, exposé en même temps que des *Nymphes jouant avec un Amour*[3]. Étant

---

1. G. Planche, Salon de 1852.
2. Appartient à la ville de Langres.
3. Salon de 1857.

CHAPITRE DEUXIÈME.

toujours de bonne foi, il ne savait pas se refuser à obéir à une sensation vive, et quand la nature, qui prend tous les aspects, l'avait frappé, vite il voulait en rendre l'effet et cherchait un sujet en rapport avec le cadre. C'est ainsi que parfois il a transformé complétement des tableaux achevés, et lorsque son esprit était en quête pour traduire une idée qui l'avait saisi, il rangeait ses tableaux l'un à côté de l'autre, par terre, dans toute la longueur de l'atelier; et, après avoir réfléchi et arrêté son plan, il choisissait la toile dans laquelle il voyait *son affaire,* saisissait tout de suite le pinceau, presque fiévreusement, et en faisait tout autre chose que ce qu'elle était d'abord. Parfois sa fougue était si grande qu'emporté par la crainte de perdre la conception nouvelle, il ne prenait pas toujours la peine de gratter la peinture déjà faite et disait : « Ça donnerait à mon idée le temps de s'effacer, je l'oublierais peut-être, et il ne faut pas; avant tout, c'est elle qu'il faut tenir; — écrivons-la tout de suite. »

Plusieurs tableaux ont subi de cette façon une transformation complète ; je citerai, entre autres, celui dont Corot a fait le *Souvenir du lac Nemi*. Dans son premier état, c'était un motif de Ville-d'Avray, où, certain soir, étant dans son salon, le maître fut frappé par une impression vive, qu'il avait traduite dès le lendemain. A quelque temps de là, cette toile fut roulée, conduite à Paris et finalement oubliée pendant cinq ans. Lorsqu'il la retrouva, il crut que l'effet s'arrangerait mieux avec un souvenir d'Italie qui lui revint alors et il en fit ce qu'on a vu[1], une peinture ferme, en rapport avec le sujet et d'une exécution analogue à celle qu'il avait dans ce pays.

Malgré son ardeur et cette hâte plus apparente que réelle, car elle s'appliquait seulement au travail de la main, tout ce qu'il faisait était voulu et calculé, il ne plaçait pas une seule touche au hasard, parce que, d'après ses observations raisonnées, il s'était créé des lois dont il ne s'écartait jamais. Sachant bien l'effet qu'il avait à rendre, et la dominante des valeurs étant déterminée, — ce qu'il regardait comme un point capital, — il en établissait

---

1. Au Salon de 1865.

toutes les relations et n'avait plus qu'à les suivre; les tons et les demi-teintes se fondaient sur sa palette qui devenait une sorte de clavier où la gamme était établie, de même qu'en musique les notes donnent le son attendu, leurs combinaisons forment les accords et finalement l'harmonie.

Corot avait près de soixante ans lorsque la faveur du public commença à se manifester et à venir au-devant de son labeur infatigable. Quelques artistes avaient frayé la voie en achetant des tableaux de lui, et, parmi eux, Diaz fut un des premiers. La toile qui l'a séduit, faite pour un amateur et refusée par lui, avait été conçue par Corot en revenant à pied de Versailles à Ville-d'Avray, à la tombée de la nuit. Rentré chez lui, il y rêva toute la soirée, très-tard, auprès de sa fenêtre ouverte, selon la coutume qu'il avait prise dès l'enfance pour se bien pénétrer de l'intimité de la nature. Le lendemain, tout était arrêté dans sa tête; il vint à Paris pour faire ce tableau, — car il n'avait pas d'atelier à Ville-d'Avray, son père n'ayant jamais songé à ce détail, et il ne pouvait peindre que dans sa chambre. — La besogne matérielle alla si vite, qu'à la fin du jour le tableau était fait.

« Comment ! — se dit-il à lui-même, — déjà terminé, et j'aurais gagné en si peu de temps une assez bonne somme ? Non, ça ne se peut pas, il faut travailler encore... hum ! pourtant, y retoucher, c'est peut-être tout gâter ; laissons-le et regardons le ciel en fumant pipette[1]. »

A quelque temps de là vint l'amateur auquel le tableau était destiné; il le regarda « *de face et de profil* », resta pensif et finit par dire : « Ça n'est pas bien gai ; j'en parlerai à ma femme, qui aime bien que ça ne porte pas à la mélancolie. Je vous ferai part de son opinion et je me réserve jusque-là. » Peu de jours après, il écrivit qu'il renonçait au tableau : « Décidément ma femme le trouve trop triste, *d'après ce que je lui ai rapporté*[2]. »

Malgré ce résultat piteux, Corot était content de sa peinture ; « je sens, — nous disait-il, — que ça doit être bon et qu'on n'en fait pas tous les jours de ce numéro-là. Un

---

1. Visite à Corot, 2 mars 1860.
2. *Idem.*

autre la prendra, voilà tout. » Cet autre fut Diaz, qui tomba en admiration devant cette toile excellente [1], — comme fit Troyon pour la *Barque du Christ,* d'Eugène Delacroix; — il ne se trompa pas sur la qualité, et, sans redouter la *mélancolie,* il voulut l'avoir aussitôt et l'obtint; le marché ne fut pas difficile à conclure.

Corot aimait à raconter l'histoire de ses tableaux, dont plusieurs ont eu des fortunes bien diverses; comme celui qui fut exposé au dernier Salon tenu au Louvre en 1851 : il était mal placé, dans la première salle près de l'escalier Percier et Fontaine, détruit sous le dernier Empire; tout le monde passait là sans s'arrêter. Un jour, Corot, voyant que personne ne faisait attention à son paysage, eut la fantaisie d'aller le regarder, pensant à part lui que « les hommes sont comme les mouches : dès qu'il en vient une sur un plat, les autres accourent tout de suite; ma présence, disait-il, appellera peut-être celle des passants ». En effet, un jeune couple s'approcha du tableau, et le monsieur dit : « Ça n'est pas mal, il me semble

1. Exposition du boulevard des Italiens, 1860.

qu'il y a quelque chose là-dedans. » Mais sa femme, — qui avait l'air doux, — le tirant par le bras, répondit : « C'est affreux, allons-nous-en! » Et moi — c'est Corot qui parle, — d'ajouter en dedans : « Es-tu content d'avoir voulu entendre l'opinion du public ? Tant pis pour toi! » Eh bien, ce même tableau, après être resté plusieurs années à l'atelier sans tenter personne, trouva enfin un audacieux qui le prit pour 700 francs. Plus tard, au bout de plusieurs années, il a été payé 12,000 francs en vente publique, et l'acquéreur était si heureux de l'avoir qu'il donna une fête pour son inauguration. J'y fus convié gracieusement et comblé de gentillesses... C'était pourtant la même chose qu'autrefois quand on n'en voulait pas, à présent je fais encore de même, seulement on y est venu, et il n'a fallu pour cela que quarante ans de travail. Ce n'est pas moi qui ai changé, mais bien la constance de de mes principes qui a triomphé, et je nage dans le bonheur! »

Cette constance, il la prêchait sans cesse à ses élèves, même à ceux qui étaient arrivés, et surtout aux jeunes gens. A ces der-

niers, qui venaient le consulter pour savoir
s'ils devaient faire de la peinture, la première question qu'il posait était celle-ci :
« Avez-vous 1,500 livres de rente, c'est-à-dire
ce qui assure la liberté? Voyez si vous pouvez
dîner avec un gros chiffon de pain acheté le
soir chez le boulanger à soleil couché, comme
cela m'est arrivé plus d'une fois. Le lendemain matin, je me regardais dans le miroir en
tâtant mes joues, — elles étaient comme la
veille; — le régime n'est donc pas si dange-
reux, et je vous le recommande, au besoin. »

Il est arrivé parfois que ce conseil s'adressait à des fils de famille qui répondaient : « Ma
voiture est en bas. — C'est bien, tant mieux,
disait Corot, vous pouvez vous amuser à
peindre. »

Il croyait qu'avec la conviction et l'amour
de l'art, c'est-à-dire de la nature que l'art
aspire à rendre, on devait réussir à en donner
l'accent. On n'arrive pas tout d'un coup à la
possession des moyens, de l'instrument nécessaire pour transmettre la pensée, mais on la
conquiert un peu chaque jour, et dans la suite
de la vie on devient armé pour la traduire

plus sûrement, en travaillant sans cesse, en étudiant toujours pour faire des progrès; il disait : « Savons-nous rendre le ciel, un arbre ou de l'eau ? Non; nous n'en donnons que l'apparence, nous cherchons à les imiter par un artifice qu'il faut toujours perfectionner. Le mouvement, presque insaisissable, nous devons en donner l'idée, et si je peins une roue dont je vois les rayons d'une manière fugitive et sans les distinguer, je dois montrer qu'elle tourne. Pour le ciel, c'est encore bien autre chose, il est profond ou mobile, plein de vibrations, il doit emporter le regard, et cet effet n'est pas commode à atteindre. C'est pourquoi, tout en sachant pas mal le métier, je cherche toujours à aller plus loin. Parfois, on me dit : « Vous connaissez votre affaire « et n'avez pas besoin d'étudier davantage. » Mais pas de ça, Lisette! on a toujours à apprendre[1]. »

La sincérité, cette fondation de toute bonne vie, paraissait à Corot être le premier des devoirs, et, à son avis, la condition de

1. Entretiens du 4 novembre 1859 et du 17 septembre 1872.

faire bien est de suivre sa conscience. Quant à la théorie pratique, il la résumait à peu près ainsi : « Il y a pour nous autres peintres quatre points principaux, à savoir : la forme, par le dessin ; la couleur, qui résulte de la justesse des valeurs ; le sentiment, qui naît de l'impression ; et enfin l'exécution, le rendu de cet ensemble. Pour ce qui me concerne, je crois avoir le sentiment, c'est-à-dire un peu de poésie dans l'âme qui me porte à voir ou à compléter ce que je vois d'une certaine façon ; mais je n'ai pas toujours la couleur, et des qualités du dessin, je ne possède que des éléments imparfaits ; l'exécution aussi me fait parfois défaut, c'est pourquoi je la travaille davantage, sans qu'on s'en doute, et je dis aux jeunes gens : Attachez-vous à rechercher surtout ce qui vous manque, et tâchez d'asseoir et de perfectionner la forme, c'est capital ; de cette façon votre peinture deviendra plus complète ; mais avant tout obéissez à votre instinct, à votre manière de voir ; c'est ce que j'ai nommé déjà la conscience et la sincérité ; ne vous préoccupez pas du reste, et vous aurez ainsi grande chance d'être heureux et de bien faire. Depuis mes débuts j'ai suivi ces règles sans broncher, malgré les moqueries de mes camarades, qui n'admettaient pas mes ouvrages qu'on recherche à présent[1]. »

Bien souvent il est revenu sur ce sujet, et à propos d'une toile délicieuse qu'il venait d'achever et au centre de laquelle brillait un petit nuage rose qui répandait partout une harmonie lumineuse des plus fines, il nous dit encore: « Je crois que c'est bien l'impression de la nature, autant que la fiction peut en donner l'idée en souvenir de la réalité. La nature n'est jamais deux minutes semblable à elle-même, mais au contraire toujours changeante selon la saison, le temps, l'heure et la lumière, le froid ou le chaud; tout cela constitue sa physionomie, et c'est ce qu'il importe de bien traduire : un jour ceci, demain cela, et, une fois bien pénétré de ces divers accents, il faut en faire un ensemble qui sera ressemblant si vous avez bien vu.

« En somme, il en est absolument de même pour une tête, pour un portrait : l'artiste doit

1. Entretien du 19 décembre 1869.

pénétrer le caractère du modèle, voir un jour sa joie, le lendemain sa peine, sa colère ou tout autre sentiment qui l'anime, et il faut que sa touche rende tout cela au moins à l'état d'indication, afin que ce ne soit pas seulement l'homme triste ou l'homme gai, mais bien l'air entier, les différents aspects de la physionomie de cet être mobile et de son caractère, de façon à ce que ceux qui l'ont vu dans ses humeurs diverses le retrouvent, et que ce ne soit pas le portrait d'un moment, d'un jour donné tel que le donne la photographie, mais bien le portrait de toujours[1]. »

Tout cela est juste, simple, et les maîtres ont en effet compris de cette façon la reproduction de la nature humaine. On voit que Corot était profondément imbu des saines doctrine de l'art qui doit être « une expression individuelle de la vérité, une ardeur sans concession », deux mots de lui qui résument sa vie honnête, indépendante, remplie par le travail et heureuse.

Tels sont, en raccourci, les préceptes qu'il répandait et dont il souhaitait que ses

1. Entretien du 16 novembre 1871.

élèves fussent persuadés. Faut-il lui faire porter la responsabilité de tous ces à peu près insignifiants qui semblent découler de sa méthode? Non, ce ne sont là que des imitations maladroites du maître qu'on n'a pas su ou qu'on n'a pas voulu comprendre, des œuvres serviles où l'intelligence n'a plus de part. La contrefaçon peut toujours se produire; sa graine, à lui, était bonne et a donné de beaux fruits; il suffit de rappeler les noms de MM. Français, Daubigny, Chintreuil, Busson par Français son maître, Bernier, Oudinot, Lavielle et d'autres, qui tous doivent quelque chose à Corot, quoique chacun d'eux ait gardé son *expression individuelle* en face de la nature.

Cette réserve posée, — celle de la personnalité, — Français représente très-hautement une partie des tendances de Corot et il est appelé à maintenir sa tradition dans l'école française, à continuer ses aspirations les plus élevées. Comme son maître, il cherche les côtés poétiques de la nature, il aime la pureté du dessin, l'harmonie des lignes, le style, et il compose avec soin. Son exécution est différente et il fait les détails avec une perfection rare là où Corot ne voyait que l'ensemble et les masses pour l'effet général; malgré cette dissemblance, au fond ils sont amoureux des mêmes choses, chacun les voyant à sa façon, mais c'est le même art délicat, aimable et imprégné de tendresse. Tous les deux ils sont hommes de sentiment; le mystère des bois et des ruisseaux cachés les attire, ils pénètrent dans la forêt, et s'ils rencontrent une de ces retraites où l'on dit qu'autrefois les nymphes aimaient à vivre, ils s'y arrêtent volontiers; leur pinceau s'en empare et sait nous en faire goûter le charme. Ils sont dans ce qu'il est permis d'appeler le domaine spiritualiste de la peinture, et c'est pour cela sans doute qu'ils se sont rapprochés facilement.

Français avait vingt ans lorsqu'il a connu Corot par l'intermédiaire de Buttura, après qu'il eut fait sa première étude dans les bois de Meudon, et quand il ignorait encore ce que c'est qu'un *ton neutre*. Déjà avant cette époque, par une sorte d'instinct, sa peinture avait une parenté lointaine avec celle de son futur maître; ses camarades pensaient même qu'il avait fréquenté l'atelier de Corot et vu ce qu'il ferait alors qu'il n'existait encore entre eux aucune relation. Aussitôt qu'ils se sont rencontrés, une sympathie réciproque les attira promptement l'un vers l'autre et ils se sont liés d'une amitié aussi profonde que durable; ils ont travaillé ensemble, et on connaît les belles lithographies faites par Français d'après Corot; parfois il complétait quelques détails, tout en conservant le sentiment très-juste de l'œuvre de son ami, lequel voyant ces libertés de traduction ne s'en plaignait pas et a dit souvent : « Voilà qui est bon, je me servirai de ça. » Et en effet, dans plusieurs de ses ouvrages il a mis à profit ce qu'il avait trouvé *bon* dans les interprétations de Français.

A son tour, il l'engageait aussi à ne pas mener l'exécution trop loin, à ne pas trop finir ce qui peut, en certains cas, fatiguer la peinture : « Il est utile de mettre des accents vigoureux au dernier moment, comme faisait Rembrandt, qui, très-achevé en dessous, frappait ensuite de grands coups par des touches fermes afin de produire le dernier effet de solidité et de vigueur qu'on admire dans ses ouvrages. Faire à fond et pousser l'étude tant qu'on peut, ensuite effacer le superflu à la fin. » Telle était l'opinion du maître [1].

A cette époque, les camarades, — Célestin Nanteuil en était, — se permettaient encore certaines petites railleries à l'endroit de Corot, mais cela ne fut pas de longue durée, car il dit un jour très-sérieusement : « Je n'aime pas les plaisanteries sur la peinture. » Ceux qui ont connu le côté ferme de son caractère savent quelle dignité il prenait tout naturellement lorsqu'il s'agissait du respect de son art ; sa physionomie enjouée prenait une gravité presque sévère, et toute sa conviction passant dans son regard semblait répandre une espèce de rayonnement. C'est là qu'on voyait apparaître, pour ainsi dire, sa volonté puissante et cette énergie qui l'ont soutenu tout le long de sa carrière. Alors ce n'était plus du tout le Corot gai et bonhomme, mais l'artiste fier et résolu. On prétend que MM. Darpentigny, Desbarolles et d'autres ont constaté à l'inspection de sa main que la *ligne de volonté* présentait un développement extraordinaire. Quoi qu'il en soit, depuis son apostrophe, on a cessé de rire aux

[1]. Entretien du 10 septembre 1872.

dépens de ses œuvres, et aujourd'hui il semble bien étrange qu'on ait pu autrefois en avoir l'idée.

Un autre paysagiste, des premiers de ce temps-ci, dont les commencements ont été rudes, a toujours été soutenu et dirigé par Corot. M. Daubigny sait bien qu'aux heures de découragement, son maître apparaissait comme par hasard et juste à point pour le remonter par ses conseils et par ses louanges. Bien d'autres sont dans le même cas, et nous pourrions citer aussi des peintres de figure qui reconnaissent avoir subi son influence. M. Carolus Duran veut être de ce nombre, et nous l'avons entendu exprimer avec énergie sa gratitude et son admiration à Corot lui-même, auquel il demandait la permission de faire son portrait[1]; dans son enthousiasme, il allait même jusqu'à parler de lui à l'égal de Vélasquez, en disant que ces deux artistes, entre tous, avaient exercé sur lui une action salutaire.

1. En 1874. Ce projet n'a pas pu être accompli.

CHAPITRE III.

'EXPOSITION de Corot, en 1859, fut particulièrement remarquable et nous fait voir toutes les notes diverses de son talent. L'horizon qu'il embrasse semble avoir atteint toute son ampleur; ce n'est plus seulement l'aspect tendre de la nature, son côté poétique et vague qu'il a voulu rendre, il aborde en même temps les sujets élevés, il touche aux grandeurs épiques avec Dante et Virgile, et au drame avec Shakespeare; puis, explorant d'autres régions, il crée des fantaisies délicieuses, et au retour de ses lointains voyages, il se recueille en rêvant dans les bois de Ville-d'Avray. Sa féconde imagination a tant besoin d'aliments qu'elle en demande aux autres et

prête l'oreille aux accents des poëtes, afin d'interpréter leurs créations comme il a su les comprendre selon l'idéal qui est en lui et le but de son art.

Un moment, il abandonne l'air libre, l'eau pure du ruisseau, la prairie épaisse et tant d'autres beautés de la vie et du soleil pour suivre *Dante et Virgile* dans la forêt obscure de l'enfer : « Hélas ! que c'est chose rude à dire, combien était sauvage et âpre et épaisse cette forêt, dont le souvenir renouvelle mon effroi ! elle est si amère que la mort l'est à peine davantage. » Frappé de la grandeur de ce début de la *Divine Comédie*[1], Corot a représenté Dante et Virgile entrant aux enfers, lorsque ce dernier dit à son compagnon : « Je décide qu'il vaut mieux que tu me suives, et je serai ton guide. » Les personnages sont placés en avant d'une grande masse sombre d'arbres et de rochers qui occupent la droite du tableau ; près d'eux sont le lion et la panthère, et vers la gauche, du côté d'où vient la lumière, on voit la louve qui cause à

---

1. Dante, *Enfer*.

Dante une horrible frayeur, très-bien exprimée par son attitude. Virgile est calme, et d'un geste simple il indique le chemin à suivre. Cette scène est une traduction fidèle du poëte florentin, et Corot l'a rendue vivante, telle qu'il l'a vue dans son esprit, au milieu d'un paysage fantastique. La tournure générale de ce tableau est grande, les figures ont une expression juste et une attitude noble, qui rappellent le caractère marqué des sujets sérieux dont nous avons déjà parlé.

Dans un autre tableau et en suivant la même donnée des faits surnaturels, Corot a représenté l'*Apparition des trois sorcières à Macbeth et à Banquo;* ils arrivent à cheval et se trouvent en face de ces spectres « qui sont à peine une substance corporelle, et qui vont bientôt se mêler au vent ». Ainsi s'exprime Shakespeare, et le peintre a bien su le comprendre. Il y a dans le ciel un grand parti pris de lumière à côté de longues bandes sombres d'où semble s'échapper de l'électricité ; l'effet est saisissant.

Auprès de ces deux ouvrages et d'autres[1]

---

[1]. Idylle. — Souvenir du Limousin. — Le Tyrol italien. — Souvenir de Ville-d'Avray.

qui restent dans le cercle de ses productions familières, le peintre avait une des toiles les plus remarquables de son œuvre : sous de grands arbres hauts sans branches, qui se détachent sur un ciel éclatant et léger, une femme demi-nue est assise; sans doute elle sort de l'eau, que son pied touche encore, et une compagne arrange sa chevelure. Dans le fond, on voit une troisième figure de femme qui lit, debout, adossée à un arbre. Il est difficile de dire qui l'emporte du paysage ou des figures dans cette charmante composition, traitée un peu dans la manière décorative. Le modelé des personnages et le nu sont d'une belle exécution et rappellent le panneau de la chapelle de Saint-Nicolas du Chardonnet.

Un des plus vifs désirs de Corot et qu'il a pu rarement satisfaire, c'était d'employer son art aux grandes décorations ainsi que l'ont fait les peintres de la Renaissance. Ses amis seuls lui en ont fourni l'occasion, et sauf les deux peintures qui lui ont été demandées par le prince Demidoff, pour un salon, et qui sont plutôt des tableaux que des décorations, il n'a pas eu l'occasion d'exécuter des travaux de ce genre.

Quatre grands panneaux en hauteur, représentant *les Quatre heures du jour,* ornaient l'atelier de son ami Decamps, à Fontainebleau ; l'effet décoratif en est très-remarquable, la facture libre et facile, peut-être encore plus que de coutume, à cause de la rapidité avec laquelle ils ont été peints : — en une semaine ; ça venait vite et bien. Decamps, étourdi de cette prestesse extraordinaire, disait de temps en temps à son camarade : « Pas si vite, ne te dépêche pas tant, il y a ici de la soupe encore pour quelques jours ! » Mais, a répondu Corot, de qui je tiens ces détails, « ça allait tout seul ; je ne pouvais pas me retenir ; ce qui me ferait croire que si on m'avait demandé de la peinture décorative, j'aurais pu en faire, — et même avec plaisir, — mais sauf une fois, et encore c'était un tableau pour une église, jamais personne ne m'a *interrogé* de ce côté-là[1]. »

Peu après cette causerie qui avait lieu au

---

1. Entretien du 22 janvier 1865.

mois de janvier 1865, il fut cependant *interrogé* par un amateur qui eut la fantaisie rare de faire faire de la peinture pour une place donnée; nous avons le regret de constater que cette idée ne vint pas à un Français ; c'est le prince Demidoff qui l'a eue quand il s'est agi d'orner l'hôtel qu'il venait de faire bâtir dans le quartier François Ier. Deux sujets furent demandés à Corot : *la nuit* et *l'aurore,* il les a faits à Fontainebleau, en trois mois, dans l'atelier de son ami Comairas, pendant l'été de cette même année 1865. Corot nous disait que s'il faisait encore de semblables travaux, à sa grande joie, il voudrait peindre sur place.

Mais on a continué d'oublier de faire appel à son talent dans le sens décoratif. L'État s'est contenté du seul tableau qu'il possède au Luxembourg ; — il n'avait rien à l'Hôtel de Ville de Paris, ni dans les autres monuments, — à l'exception de l'église de Saint-Nicolas du Chardonnet. Quant aux architectes, ils semblent n'avoir pas connu son existence. « Sans doute ils ne voulaient pas de moi, disait-il, parce qu'on prétend que je mets pas mal d'air dans mes tableaux, et ils craignent que ça fasse des trous dans leurs murs, ce qui deviendrait malsain. »

Corot a eu peu de rapports avec l'administration des Beaux-Arts, ne demandant rien pour lui; en douze années, de 1848 à 1860, on ne lui a pas acheté un seul tableau ; cette même année, on s'informa du prix des *Baigneuses,* qu'il avait au salon, il fixa le prix de 8,000 francs, et n'entendit plus parler de rien. « Si j'ai demandé 8,000 francs, ce n'est pas tant pour l'argent qu'à cause du succès de mon tableau, parce que le prix constate officiellement la valeur qu'on attache aux choses d'art. Or, comme on payait 12,000 francs l'œuvre d'une grande dame riche, il me semblait que mon chiffre était acceptable en raison de l'accueil que mon tableau a trouvé auprès du public. Mais non, ils m'oublient, et je n'irai pas les fatiguer de mes plaintes, j'ai plus qu'il ne faut à mes besoins, seulement le procédé n'est pas gentil. Ah ! quand une fois on a dans son antichambre un garçon de bureau avec une casquette galonnée, il paraît qu'on ne comprend plus rien à l'amabilité et que ça change tout de suite les hommes[1] ! »

L'argent de ses tableaux représentait vraiment pour Corot l'honneur de la peinture, et, parlant à un amateur qui lui demandait le prix d'un paysage, il pouvait très-sincèrement répondre : « C'est 3,000 francs, — ou ce n'est rien ; — je puis vous le donner à titre gracieux, j'en suis le maître, si telle est ma fantaisie ; mais comme valeur d'art, cette toile vaut 3,000 francs ; pas moins. » Au fond, ce n'est pas lui qui a augmenté le prix de ses tableaux, il a plutôt cédé en cela à des observations qui lui avaient été faites par des camarades qui, trouvant ses chiffres trop modestes, lui ont en quelque sorte imposé de les grossir. Il leur a dit : « Venez les marquer vous-mêmes. » Ce qui eut lieu en effet[2]. Mais il avait conservé la ressource de donner ses tableaux quand bon lui semblait ; c'est ce qu'il a fait pour la ville de Semur, à laquelle il a offert *le Verger ;* pour Ville-d'Avray, dont l'église possède son *Saint Jérôme ;* Lille a eu

1. Entretien du 13 avril 1860.
2. Nous tenons ces deux anecdotes de M. Chenavard.

de la même façon un magnifique paysage, *la Fête antique*, qu'il avait envoyé dans cette ville à une exposition et qui devait lui être acheté. L'*affaire* n'ayant pas eu de suite, Corot s'en vengea noblement : ayant eu occasion, peu de temps après cela, de rencontrer à Paris M. R..., directeur du musée de Lille, il lui offrit son tableau et, à défaut d'argent, il reçut force remerciements de toutes les autorités de la ville[1].

Une seule fois, à notre connaissance, il eut la velléité de demander une assez forte somme d'un de ses paysages les plus importants, et encore la curiosité y avait grande part. Voici l'histoire : le jour même de l'ouverture du Salon de 1856, on le pria, par télégramme, de faire savoir si l'un de ses tableaux était à vendre et d'en fixer le prix. Il ne connaissait pas la personne qui posait la question,

---

1. Nous trouvons dans les journaux la note suivante :

« — *L'Echo du Nord* annonce que le conseil municipal de Lille a fait inscrire cette ville pour une somme de 500 francs en tête de la souscription ouverte à Paris pour l'érection d'un monument à la mémoire de Corot.

« Lille veut ainsi reconnaître la libéralité faite à son musée par le célèbre peintre. (Mai 1875.) »

Mme de X... « Je ne sais quelle idée me passa par la tête, nous dit-il, sur cette offre subite au début de l'exposition; la démarche de cet amateur me fit croire à un succès et me porta à un coup d'audace. Je répondis, — aussi par télégramme, — « Tableau libre, prix 10,000 fr. » Quel style! Jamais pareille chose ne m'était arrivée. Au bout d'une heure, nouvelle dépêche annonçant que c'est chose dite, on acceptait avec bonheur! Je n'en revenais pas, et je crus que bien sûr j'avais dû oublier un zéro dans les chiffres. Pour éclaircir l'affaire, j'écrivis par la poste, cette fois en marquant le prix en toutes lettres. — Ça n'a pas fait un pli. »

On sait quel généreux usage Corot faisait de sa fortune, mais toute question d'argent mise à part, au fond, il rendait heureux ses amis et lui-même en faisant de la peinture à son gré, et en se contentant de travailler pour *la soupe*. C'est ainsi qu'il a exécuté des décorations chez Léon Fleury et chez Daubigny. Le premier avait une petite maison de campagne à Magny-les-Hameaux, entre Versailles et Chevreuse. Corot et A. Viollet-le-Duc s'y trouvant réunis un jour, eurent à subir un de

CHAPITRE TROISIEME.

ces temps affreux qui rendent toute sortie impossible. Que faire ? Telle était la question posée en regardant tomber la pluie. Corot répondit : « Faisons de la peinture, c'est un moyen de choisir le temps qu'on veut dans le paysage. »

L. Fleury avait justement l'intention d'orner sa salle à manger ; déjà il avait marqué la place d'un grand panneau en face de la cheminée. Corot, pour lui être agréable, mit tout en train, traça d'autres compartiments et se chargea d'en faire deux pour sa part : l'un au-dessus de la cheminée et l'autre en face, à gauche de la composition centrale, laquelle est de Léon Fleury. Le panneau de droite a été exécuté par A. Viollet-le-Duc ; le tout sur la muraille même, qui était recouverte d'une peinture vert pâle et a servi de fond. Plus tard, la maison fut vendue, et on assure que le nouveau propriétaire, un cultivateur, ayant appris la valeur de ces décorations, il les a respectées et en prend soin, la pièce où elles sont n'étant pas consacrée à un usage habituel.

Corot a fait deux fois des décorations chez Daubigny, à sa maison de campagne, aux environs de l'Isle-Adam; la première série vers 1864, dans une sorte de *loggia* donnant accès à l'atelier et aux appartements; elle se compose de six panneaux dont les uns sont en hauteur et les autres en largeur. La seconde série date de 1872; il a dirigé les grandes décorations murales qui règnent dans l'atelier; il a indiqué la division des surfaces et fait les croquis des compositions; quant aux peintures elles-mêmes, elles ont été exécutées par MM. Daubigny père et fils, et par M. Oudinot. Corot a été très-satisfait du résultat, bien qu'il n'y ait pas mis la main lui-même parce qu'il ne pouvait plus monter aux échelles, et il a exprimé une fois de plus le regret qu'on ne lui ait pas demandé de ces travaux-là dans sa force.

Enfin chez lui-même, dans sa propriété de Ville-d'Avray, il a orné de peintures un pavillon de forme circulaire séparé de la maison, au milieu du jardin. C'est là, — le croirait-on? — où il a été le moins à l'aise. La maison était en commun à lui et à son beau-frère, et il est resté toujours si humble dans sa famille qu'il craignait de le froisser, n'osait pas agir à sa guise et se montrait d'une timidité extrême.

CHAPITRE TROISIÈME.

Ceux qui sont allés le voir à Ville-d'Avray l'ont remarqué facilement. C'est peut-être par suite de cette gêne qu'il a fait construire, dans ces dernières années, un atelier à Coubron, près de Livry, dans le jardin d'un de ses amis, et il y allait souvent.

Le père de Corot, pendant très-longtemps, ne voulut pas croire au talent de *Camille* qu'il regardait toujours comme un rapin. Lorsqu'il fut décoré à la suite du Salon de 1846, — il avait tout juste cinquante ans, — M. Corot demanda à Français, élève de son fils, et dont la réputation commençait à s'établir, « si vraiment Camille avait quelque mérite? — Dites-moi ça, vous qui vous connaissez en peinture ». — Français eut de la peine à lui persuader que son maître était « plus fort que tous les autres. » Les déceptions de ce genre ne manquèrent pas à Corot, et bien tard, lorsque sa place était faite et au premier rang, la Commission pour l'exposition de Londres, en 1862, a discuté l'admission de ses ouvrages. Plusieurs membres, dit-on, étaient rebelles, et on fut tout près de méconnaître la poésie dans un de ses meilleurs représentants de ce temps-ci. Corot a triomphé, mais tout ce qui est officiel a toujours été indifférent pour lui et quasi hostile; nous le verrons encore à propos de la médaille d'honneur.

Un mot de Corot lui-même dira combien il aimait la musique et de quelle façon intime cet art, dans sa pensée, s'associait à la peinture. Nous nous promenions ensemble dans la campagne; le pays était beau, de grandes lignes encadraient une vallée, au fond on voyait la mer; le ciel, à demi voilé, était d'un ton gris et donnait une lumière douce et tamisée. Au détour d'un sentier à mi-côte où nous étions parvenus, Corot s'arrêta pour regarder l'ensemble du paysage, et après s'être recueilli un instant il dit, avec l'accent sérieux que lui inspirait la nature : « Quelle harmonie, quelle grandeur! c'est comme du Gluck! »

Ce maître était un de ses hommes de prédilection, et nous étant assis dans cet endroit, la causerie eut d'abord ses ouvrages pour objet; nous dîmes à Corot la réponse que Gluck fit à ceux qui l'accablaient d'éloges après la première représentation d'*Iphigénie* : « Quels hommes c'étaient, ces Grecs! » Comme si sa

CHAPITRE TROISIÈME.

part à lui-même se fût bornée à interpréter leur génie.

Nous fîmes ensuite des comparaisons et des rapprochements entre la musique et la peinture qui ont entre elles tant d'affinité qu'on leur applique un même langage; les expressions *notes, gamme, tons, harmonie,* et tant d'autres, s'emploient presque également pour ces deux branches de l'art; il serait curieux de les allier dans la réalité, d'assister à l'exécution d'une symphonie ou d'un ouvrage dramatique en pleine campagne et dans un cadre approprié au sujet; nous formions le vœu d'entendre et de voir le premier acte d'*Orphée* qui aurait été si bien en scène dans un bois admirable, non loin de nous, au fond d'un ravin.

Mozart vint ensuite, et nous conduisit à parler de M. Ingres, à cause de sa prédilection pour la musique allemande. Corot ne l'a jamais connu; il l'a peut-être vu, sans le savoir, mais il n'a jamais entendu le son de sa voix. Il nous a questionné sur ce maître, qui daignait nous recevoir, et nous avons tâché d'esquisser le caractère tout à la fois ferme, passionné et un peu enfant de ce grand artiste, toujours ému ou bouillant, mais aussi toujours convaincu, sincère, respectueux envers les grands maîtres et dévoué à l'art d'une façon absolue.

Corot n'a pas eu non plus de relations avec Eugène Delacroix, l'antagoniste d'Ingres; cependant le grand coloriste est venu une fois à l'atelier et cette visite est indiquée dans les notes journalières qu'il avait l'habitude de prendre; il dit à cette occasion que certains artistes ne peuvent être jugés que chez eux, avoue qu'il a mieux compris Corot et que ses préventions ont été dissipées.

On comprend l'éloignement qui a existé entre les deux chefs d'école à cause de leurs tendances opposées; mais rien ne s'opposait à ce que Corot, interprète de la nature poétisée, classique par son éducation, ses débuts et ses goûts, romantique par la liberté des impressions, ne fût admis par les deux camps.

L'amour de la musique a inspiré à Corot un de ses plus beaux ouvrages, *Orphée ramenant Eurydice des enfers;* les deux figures ont déjà traversé le fleuve qui baigne le séjour des ombres; elles occupent la droite du tableau au premier plan, et les Champs-Élysées qui remplissent le fond de la toile sont éclairés d'une lumière argentée et, si l'on peut ainsi dire, sont comme un rêve blond appliqué au paysage. On reconnaît facilement les traits de Mme Pauline Viardot dans le personnage d'Orphée, qu'elle représentait alors avec tant de grandeur et de puissance, et cette figure a été faite en souvenir d'elle. Le tableau, commencé pendant l'hiver de 1860, a été photographié à l'état d'esquisse afin de ne pas perdre l'impression première que la suite du travail aurait pu amoindrir ou effacer.

Corot disait à propos de cette composition : « J'ai passé l'hiver dans les Champs-Élysées où je me suis trouvé très-heureux; il faut convenir que si la peinture est une folie, c'est une folie douce que les hommes doivent non-seulement pardonner, mais rechercher. En voyant ma mine et ma santé, je défie bien qu'on y trouve les traces des soucis, des ambitions, des remords qui creusent la physionomie de tant de pauvres gens; c'est pourquoi on devrait aimer l'art qui procure le calme, le contentement moral et même la santé, pour qui sait équilibrer sa vie. » En effet, tout est là, et un sage ne pourrait pas mieux parler. — Il a laissé reposer pendant près d'un an le tableau d'*Orphée,* et il ne l'a repris, pour l'achever, qu'au moment de l'envoyer au salon de 1861[1].

Un des fidèles du Conservatoire, Corot ne laissait jamais échapper l'occasion d'entendre de la bonne musique; nous l'avons vu assister très-exactement aux séances de quatuor qui ont eu lieu pendant plusieurs années chez un de nos amis, dans l'ancien atelier de M. Ingres, là même où fut peint le plafond d'Homère, et plus tard chez d'autres artistes. Nous le retrouvions aussi chez Mme P. Viardot, et il a dû assister à une soirée célèbre où fut fêté l'anniversaire de la naissance de Mozart, et qui se termina par l'exhibition du manuscrit original de *Don Juan.*

Corot allait beaucoup au théâtre, et il a pu voir souvent, dans ces dernières années, des décors qui se ressentaient de son in-

1. Il a été payé 12,100 francs en vente publique, au mois d'avril 1875.

fluence. Sa voix était agréable, souple et agile, il savait par cœur une partie du répertoire moderne et chantait les grands airs italiens en demi-charge, exagérant le trait sans perdre la vérité d'accent, avec beaucoup d'esprit, de goût, et si l'on peut dire, de ressemblance.

Dans sa jeunesse, aux heures de gaieté, il n'avait pas non plus méprisé la danse. Il allait à une académie de dessin, qui a existé pendant une vingtaine d'années, jusqu'au moment où Camairas, qui en était le massier, a quitté Paris; on y donnait des bals très-joyeux, — sans grandes dépenses, — et à certains jours les fêtes étaient parées et travesties, avec guirlandes en verres de couleur et rafraîchissements variés! Corot était un des plus gais de la bande et s'y amusait beaucoup; il portait d'ordinaire un triomphant costume espagnol jaune, qui a marqué sa place dans la mémoire des contemporains. Il est représenté de la sorte, dans une suite de portraits fantaisistes des membres de cette réunion, exécutés par des artistes éminents qui en faisaient partie[1], et forment, avec d'autres sujets, un album

1. MM. Isabey, Giraud, etc.

intéressant qui est aux mains de M. B... C'était le temps où, « pour être coquet, on portait des *souliers-bottes,* fort à la mode alors, — tout en déjeunant avec une *soupe à six sous* que faisait mon portier. Elle était fort bonne cette soupe ; et un camarade qui la partageait un jour avec moi me dit que mon fournisseur devait y perdre, car la sienne lui coûtait dix sous et n'était pas plus fameuse : le lendemain, simulant une grande colère, je fis une scène à mon portier[1] parce qu'il me trompait sur le prix de ma soupe... Ça ne peut pas continuer ainsi, elle est très-bonne et vaut davantage ; désormais je la payerai cinquante centimes[2]. » C'est ainsi que Corot racontait sans façon les petits détails de sa vie.

En 1865, et plus tard, il se mit à peindre de nouveau des figures et des académies, mais plus grandes que celles qu'on voit d'ordinaire dans ses tableaux ; il s'était éloigné alors de la précision de ses premiers dessins d'Italie, et sa seconde manière se prêtait moins à ce genre de travaux ; cependant parmi ces études, il y

---

1. Il demeurait alors rue Neuve Saint-Augustin.
2. Causerie du 25 mars 1869.

en a qui sont agréables, entre autres, celle qui représente une *Femme dans un intérieur;* elle est vêtue d'un corsage rouge et d'une jupe jaune; à gauche est placée une chaise en tapisserie, laquelle était dans l'atelier : c'est d'une belle couleur; ce morceau et d'autres analogues offrent de belles qualités d'impression et le juste sentiment de l'harmonie qu'on rencontre dans toutes ses productions. Mais, à cet égard, il se faisait peut-être quelque peu illusion, à cause des compliments outrés que lui prodiguaient les enthousiastes. On allait jusqu'à dire autour de lui : C'est du Corrége! Ce à quoi un éminent peintre d'histoire, que nous pourrions nommer, répondit simplement : C'est du Corot. Il était question d'une figure de femme nue, debout, très-gracieuse et chaste, et qui avait une certaine parenté de pose avec la *Source* de M. Ingres; et d'une autre, assise et drapée, avec un ruban bleu dans les cheveux, type délicat, gracieux et rempli du charme de la jeunesse.

Du reste, Corot faisait ces peintures pour lui, pour son plaisir, et non pour les montrer au public, et si plusieurs, par la suite, sont sorties de l'atelier, nous pouvons assurer qu'il a eu la main forcée et qu'il a cédé aux obsessions pressantes des amateurs et des marchands qui venaient le tourmenter sans relâche, lui qui ne demandait rien. « Toute distinction qu'il faut solliciter ne me tente pas, disait-il; si l'on veut m'en donner, on sait bien où me trouver; mais pour des démarches, je n'en suis pas. »

Ceci venait à propos d'une causerie que j'avais eue avec M. Barye, dont on connaît la réserve austère. Il avait fait l'éloge de la dernière exposition de Corot, et trouvait que son exécution restait la même, mais que son style visait plus haut d'année en année et s'était agrandi. Il pensait peut-être à faire entrer son vieil ami[1] à l'Institut, car il me demanda s'il avait jamais songé à poser sa candidature. — Je racontais cela à Corot, et il m'a répondu en montrant son chevalet du bout de son pinceau :

« Non. Tout mon bonheur est là. J'ai suivi ma voie sans broncher, sans changer et longtemps sans succès; il est venu sur le tard, — c'est une compensation à la jeunesse envolée,

1. Corot et M. Barye sont nés tous les deux en 1796.

— et je suis le plus heureux homme du monde. Pourtant, je suis bien aise de connaître la bonne opinion de Barye, parce que d'un homme comme lui, ça vaut quelque chose[1]. »

C'est ainsi qu'il se consolait des mécomptes qui ne lui ont pas été épargnés pour la grande médaille d'honneur et les récompenses données à la suite de l'Exposition universelle de 1867, où il n'a obtenu qu'une seconde médaille, sous le prétexte que les étrangers ne comprenaient pas, n'admettaient pas sa peinture. Il est vrai que, pour compenser cette rigueur, il reçut la croix d'officier de la Légion d'honneur après vingt et un ans de grade de chevalier, ce qui lui a fait dire : « Il faut tâcher de faire de bons tableaux afin de montrer qu'on n'a pas volé ça » ; et il continuait à travailler, comme un jeune homme, envoyant ses ouvrages partout aux expositions qui avaient lieu non-seulement en province, mais à Munich[2], à Lausanne, en Angleterre, etc.

[1]. Entretien du 17 décembre 1868.
[2]. Il reçut la décoration du Mérite en 1869, mais il ne l'a jamais portée, ne voulant pas « *gribouiller* » sa croix d'officier de la Légion d'honneur.

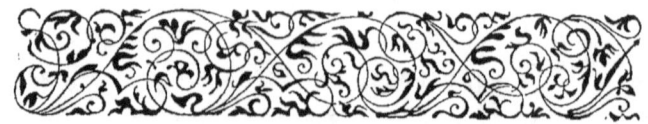

CHAPITRE IV.

ENDANT la dernière guerre, Corot, prévoyant le siége de Paris, est rentré le 29 août 1870 dans la ville où il a passé tout le temps du siége. « Je me suis réfugié dans la peinture, disait-il, et j'ai travaillé beaucoup, sans cela je crois que je serais devenu fou. » Et il ajoutait des choses très-vives contre ceux qui font la guerre, qui entraînent les peuples à s'entr'égorger. Sa nature délicate et sensible non-seulement avait horreur de ce reste de barbarie qui tue les hommes, mais il la trouvait *bête,* — c'est l'expression même dont il s'est servi, — parce qu'elle ravage et détruit les œuvres de la nature et du travail des nations. Il conclut ainsi : « N'est-il pas inouï de penser

qu'il y a des hommes qui seraient fiers de détruire le Louvre et de mettre à sa place des canons, des cadavres ou du pétrole? Comparez cette haine sauvage avec l'art, qui, au fond, est l'amour[1]! » En cela il partageait le sentiment de Rubens et aurait pu prendre sa devise : *Pax optima rerum,* laquelle était gravée sur le cachet dont le grand artiste scellait les actes diplomatiques, lorsqu'il s'amusait à être ambassadeur.

Voyant l'attitude de Paris, il croyait que le siége finirait par un assaut et un incendie, c'était pour lui une idée fixe qui le tourmentait, elle était le résultat d'un rêve qu'il avait fait, et il n'est parvenu à la chasser qu'en esquissant une scène de ce genre; il a écrit derrière la toile : « Paris supposé brûlé par les Prussiens. Septembre 1870. » Puis, enfermé qu'il était et rêvant sans doute les bois et la campagne, il a fait une suite de douze paysages dessinés sur papier autographique, qui permet de reproduire exactement l'original reporté sur pierre, et dont on tire autant d'épreuves

---

1. Causerie du 4 septembre 1871.

qu'on veut. Il avait aussi autrefois manié le burin, et on a de lui douze gravures ; une *eau-forte* a fait partie de son exposition au Salon de 1865.

Tout en travaillant de la sorte, Corot n'oubliait pas de donner pour les blessés et pour les besoins qui se manifestaient à cette époque lamentable ; l'ambulance de la presse pourrait faire le compte de ce qu'elle a reçu de lui par des intermédiaires. Il allait voir des malades, les réconforter par sa présence, par son amitié... et s'assurait si rien ne manquait à la maison.

Un gros chapitre serait à écrire sur le bien qu'il a fait, mais il aurait retenu la plume qui eût voulu l'entreprendre, et quoique le hasard nous ait rendu plusieurs fois témoin de ses bonnes actions, nous rappellerons seulement ce qui est déjà dans le domaine de la publicité. Par exemple, lorsque fut ouverte la souscription nationale pour la libération du territoire, Corot a non pas promis, mais versé tout de suite *dix mille francs*. Ce projet n'ayant pas eu de suite, on lui a écrit de reprendre la somme qu'il avait donnée, et il a été fort peiné « du mauvais résultat de l'affaire. — On parle de nouveaux impôts, disait-il, et je croyais que l'État avait besoin d'argent. Pourquoi donc ne pas mettre une contribution sur les pinceaux? Je la payerais joyeusement, car si je ne pouvais plus peindre, faire mes petites branchettes dans le ciel, avec de l'air pour laisser passer les hirondelles, il me semble que, sous peu, je tomberais raide mort[1]. C'est ce que je disais jadis à un amateur qui me priait de mettre des arbres au feuillage léger dans un tableau qui lui était destiné; il aimait ça à la folie, et je lui promis de le contenter : — Soyez tranquille, je travaille pour les oiseaux[2]. »

Il avait pour ses amis des mouvements spontanés d'une délicatesse exquise; c'est ainsi qu'une fois en passant en Bourgogne, aux environs d'Alésia, il aperçut de loin sur un coteau la belle statue de Vercingétorix, œuvre d'Aimé Millet. Aussitôt il s'arrête, prend sa boîte et peint, séance tenante, une étude qui rend fidèlement l'aspect et les lignes générales du pays, ainsi que la place occupée par le héros gaulois. Il s'était fait cette commande à lui-

1. Causerie de septembre 1872.
2. *Idem*, décembre 1867.

même : « Vite il faut enlever ça pour mon petit ami »; et aussitôt son retour à Paris, il donna cette toile au statuaire, qui la conserve dans son atelier et apprécie dans ce souvenir non-seulement la valeur artistique, mais aussi la marque d'une attention charmante qui l'a vivement touché. Nous connaissons de sa bienveillance d'autres traits analogues, et les signes de sa sympathie se sont étendus jusqu'à nous[1]. Les journaux ont publié ce qu'il a fait, avec d'autres artistes, mais en apportant la plus grosse part pour un dessinateur célèbre, devenu aveugle, qu'on voulait expulser de la maison qu'il occupait. On acheta cette maison pour lui, et aux titres qui lui furent envoyés était joint un bout de papier avec cette simple phrase : « Cette fois, je défie bien ton propriétaire de te mettre à la porte.

« Corot. »

Il était déjà bien malade lorsqu'il apprit la

1. La vue d'un chalet où Corot nous a fait l'amitié de venir quelquefois *manger la soupe*. Ces gracieusetés lui étaient naturelles, et comme j'essayais de le remercier, bien vite il me barra le chemin avec ces bonnes paroles : « Ce n'est qu'un petit mouvement du cœur. »

CHAPITRE QUATRIÈME.

mort de J.-F. Millet[1], mais la bonté de son cœur ne pouvait s'éteindre qu'avec sa vie, et malgré ses souffrances, il pensa tout de suite à venir au secours de la veuve de ce peintre qui restait avec neuf enfants.

Corot tenait en grande estime le talent de Millet, qui, d'une certaine manière, se rapprochait du sien, — non certes par la facture, — mais par la sincérité. Au fond ils avaient tous les deux le même amour et le même respect de la nature ; chacun la voyait selon son tempérament, d'une façon différente, mais c'était la même ardeur dans la recherche de la vérité. Là où l'imagination de Corot apercevait une églogue de Virgile, à l'entrée de la forêt, Millet, quelques pas plus loin, vers la plaine, trouvait ses paysans âpres, livrés aux plus durs travaux, et sa peinture sévère les interprète avec un accent si juste, si pénétrant, qu'elle arrive aussi à la poésie et donne grandement à penser. Tous les deux ils sont poëtes, et nous l'avons dit déjà, l'artiste n'est qu'un poëte ; voilà le secret qui lui livre les cordes de notre

---

1. Le 18 janvier 1875, cinq semaines avant celle de Corot.

cœur; nous lui sommes tous asservis dès qu'il le touche, et le besoin d'émotion est si puissant chez l'homme, que la chanson d'un pâtre, une image grossière, ont parfois une grande action sur les natures les moins cultivées, et atteignent ainsi le but suprême de l'art.

Corot ouvrait sa bourse si facilement, qu'il avait ses clients et faisait semblant de ne pas s'apercevoir de la fréquence de leurs visites; il allait simplement à son tiroir où il prenait ce qu'il fallait, — parfois des billets de banque, et il donnait délicatement au solliciteur. Un de ses amis, présent comme nous, à une de ces scènes, nous dit : « Voyez, quel cœur! — Je le sais. » — Et Corot ajoute aussitôt : « Ce n'est rien, c'est mon tempérament et mon bonheur. Je le regagne si vite en faisant une branche; toujours ça me produit plus que ça ne me coûte, j'en travaille mieux et avec le cœur plus à l'aise. Une fois, je donne 1,000 francs, c'était assez gros pour mon magot dans le moment; le lendemain, je vends pour 6,000 francs de peinture; vous voyez que la chose m'avait porté bonheur, et c'est toujours ainsi. J'ai averti ma famille qui s'inquiétait des exploitations dont je suis l'objet; elle sait maintenant que ça me rapporte. Un de *mes habitués* me disait un jour : « Vous devez trouver que je reviens trop souvent à la charge? — Pas du tout; c'est un devoir de s'obliger l'un l'autre, et bien mieux, pour moi c'est un plaisir. » J'étais obligé de l'encourager! » Il ne congédiait que les escrocs de profession, et menait la vie un peu à la manière du *Philosophe sans le savoir,* en laissant faire sa bonté, si proche voisine de la sagesse.

Corot avait à peine senti le poids des années; ses facultés, respectées par le temps, restaient complètes, et il ne connaissait pas cette indifférence habituelle aux vieillards et qui les porte à ne plus s'intéresser à rien. Malgré les privations et les souffrances morales, — plus rudes que tout le reste, — qu'il avait subies pendant le siége de Paris, il avait toujours continué à travailler et avec la même abondance qu'aux jours de sa maturité. Son exposition en 1874 fut très-belle, et s'il n'obtint pas la grande médaille d'honneur[1], nous

---

1. La même chose avait eu lieu en 1865, après un grand nombre de scrutins.

pensons que sa peinture n'y a été pour rien. Les trois tableaux qu'il avait au Salon, *le Souvenir d'Arleux, le Soir*[1] et *le Clair de lune*, sont, pour ainsi dire, les trois parties d'une symphonie dont l'ensemble pourrait s'appeler les heures du jour; elles nous donnent presque la sensation de l'éclat de la lumière, de la demi-teinte, et de l'ombre de la nuit. Chacun, selon son sentiment, peut avoir ses préférences pour une de ces œuvres, par cela même qu'elles sont variées, mais il faudrait plaindre ceux qui n'en éprouvent pas la puissance et le charme.

Lorsque la décision du jury a été connue, quelques-uns des amis de Corot se trouvant réunis chez nous, par hasard, nous ont chargé de lui écrire :

« Cher monsieur Corot, nos amis ont bien voulu venir faire un dîner supplémentaire chez moi. — Tous, et moi en particulier, nous avons regretté votre absence; vous nous avez manqué beaucoup, et pour prouver qu'on ne vous oubliait pas, un toast vous a été porté

---

1. L'étude de ce tableau a été faite à Morfontaine.

par Français, — vous pensez bien à quel propos, — et Chenavard y a mis un post-scriptum : « Le plus grand honneur, c'est de s'ap-
« peler Corot; cela dit tout. » Seulement c'était mieux tourné que ça. Les applaudissements n'ont pas manqué, je vous assure, et j'ai reçu la mission bien agréable de vous transmettre la chose et l'expression du souvenir et des sentiments de bonne amitié de tous ceux qui ont signé la présente.

« CHENAVARD, P. DE MUSSET, FRANÇAIS, MATOUT, LEROY, A. MILLET, LANDELLE, BUSSON, HANOTEAU, CAROLUS DURAN, A. VIOLLET-LE-DUC, DUMESNIL.

« Paris, 29 mai 1874. »

La réponse de Corot ne se fit pas attendre ; la voici :

« Coubron, ce 3 juin 1874.

« Mon cher Dumesnil, combien j'ai été sensible à votre amical souvenir : vous direz à tous les camarades et amis signataires, comme leurs sympathies flatteuses m'ont été chères ;

et à Busson particulièrement, qui m'a été fidèle jusqu'à la fin de l'opération.

« Merci, merci, cher monsieur et ami, de vos attentions charmantes.

« Tout à vous, C. Corot. »

L'impression que notre petit groupe a ressentie dans ces circonstances fut partagée également par beaucoup d'autres amis de Corot, et l'idée de lui donner une marque spéciale de sympathie s'est produite tout naturellement : — *Hoc erat in votis*. — Tel fut le germe d'un mouvement qui s'est étendu dans une partie notable du monde des artistes et des amateurs, afin d'offrir au grand paysagiste une médaille d'or en témoignage d'estime et d'amitié. Un comité, présidé par M. Marcotte, a organisé une souscription publique et mené à bien cette manifestation amicale.

Pendant que les choses allaient à souhait de ce côté, un grand chagrin venait frapper Corot au cœur et troubler toute sa vie dans ses sentiments et dans ses habitudes ; au mois d'octobre 1874, il perdit sa sœur auprès de laquelle il avait toujours vécu. Ils étaient presque du même âge, et cette mort en lui faisant éprouver un grand chagrin, était aussi un avertissement. Faut-il voir là une cause ou une simple coïncidence? nous ne savons : toujours est-il qu'à partir de ce moment, la belle santé de Corot fut altérée et déclina rapidement.

Jusqu'alors il n'avait jamais été malade; nous ne l'avons vu souffrant qu'une fois en 1865, pendant l'été, et il alla se soigner à Montfermeil, où il passa plusieurs mois chez M. Oudinot. Il était encore au régime lorsqu'il revint à Paris, et, s'excusant de ne pouvoir venir à un dîner de camarades, il nous écrivit le 6 décembre : « Je dois éviter les réunions d'amis où je me trouve entraîné par ma joie ordinaire, à une surexcitation funeste! » C'est à cette époque qu'il prit le parti de ne plus recevoir beaucoup de monde à la fois dans l'atelier, afin d'éviter la fatigue. On devait prévenir la veille, et le concierge donnait la clef au visiteur dont il avait le nom; de cette manière on était seul avec lui et bien mieux pour causer, tandis qu'il travaillait.

A la fin du mois de novembre, Corot était déjà très-affaibli, très-changé, et l'altération de sa physionomie faisait pressentir la gravité de son état; il ne mangeait presque plus et digérait péniblement; cette situation dura pendant quelque temps sans variation notable; il sortait encore un peu, de temps en temps, mais la vigueur ne revenait pas.

Cependant, le 29 décembre au soir, il a pu venir assister à la fête donnée en son honneur au Grand-Hôtel, et recevoir la médaille qui lui était destinée. La réunion se composait de trois ou quatre cents personnes, et Corot est arrivé vers neuf heures, s'appuyant sur le bras de M. Marcotte; il a été fort applaudi, et il y avait de l'émotion dans l'air. Lorsque le calme fut établi et le maître assis au fond de la salle, auprès d'une table sur laquelle était placé un petit écrin, le président du Comité de la souscription a prononcé ces mots très-simples : « Messieurs, il n'y aura pas de discours; il faudrait trop dire sur l'homme et sur l'artiste; cette médaille parlera pour nous! » C'était juste, d'une convenance parfaite, et on ne pouvait agir avec plus de tact selon le caractère de celui qu'on fêtait. — M. Marcotte a embrassé Corot et lui a remis l'écrin contenant la médaille d'or, œuvre de M. Geoffroy de Chaume : elle a environ de huit à neuf centimètres de diamètre ; d'un côté est le portrait de Corot vu de profil, entouré de cette inscription :

A COROT
SES CONFRÈRES ET SES ADMIRATEURS.
JUIN 1874.

Au revers sont les attributs de la peinture, une palette et des pinceaux dans une guirlande de lauriers[1]. On a bu à la santé de Corot, qui a dit tout bas à M. Marcotte : « On est bien heureux de se sentir aimé comme ça. » Ceux qui connaissaient le maître particulièrement sont allés le féliciter et lui serrer la main ; nous étions de ce nombre. Hélas! qu'il était changé! ses traits creusés annonçaient

---

[1]. Rapprochement singulier, Corot, peu avant sa fin, reçoit cette médaille, et on en avait frappé une en l'honneur de Michallon, son ami et son premier maître, à sa mort, en 1823. M. E. J. Delescluze relate ce fait dans le Salon de 1861. *Journal des Débats* du 22 juin.

la souffrance et il n'avait plus sa physionomie d'autrefois. Nerveux et fébrile, il faisait des efforts qui dépassaient ses forces en parlant avec animation et en voulant se tenir debout. Il nous a dit : « Je me sens bien *ce soir,* — par exception, — car j'ai des crises qui me prennent l'après-dîner et durent jusqu'à plus de neuf heures ; mais, aujourd'hui, à huit heures un quart, j'étais dispos, gaillard et prêt à partir. »

Ce mieux d'un instant n'a pas duré. Il est allé encore quelquefois à l'atelier où, sans pouvoir travailler, il aimait à se trouver au milieu de ses souvenirs, c'est-à-dire de sa peinture, car il n'y avait là aucun luxe, pas de tapisseries, de meubles rares, ni de bibelots d'aucune sorte. L'aspect de cette pièce, de grandeur moyenne, au quatrième étage, était d'une simplicité presque sévère ; l'ornement, — il est vrai qu'il était rare et précieux, — consistait dans les études qui couvraient les murs depuis le parquet jusqu'au plafond.

Corot se tenait habituellement près de la porte, à droite en entrant ; il avait d'autres chevalets chargés de toiles, plus loin, mais sa place de prédilection était celle-là. Au bout de l'atelier et à gauche, était la table au fameux tiroir. C'est là qu'il mettait en ordre « ses petites affaires » et qu'il inscrivait, sur un livre spécial, ses invitations à dîner, les soirées de théâtre ou de concert, tout l'emploi de son temps après le travail. Quand on voulait l'avoir, il feuilletait le carnet et parfois il fallait parcourir un mois et plus, pour trouver une place libre. Le mobilier, des plus modestes, se composait de deux ou trois fauteuils et de quelques chaises; c'était tout, et vraiment il ne fallait pas autre chose à l'artiste toujours appliqué, à son esprit alerte et qui avait tant de ressources en lui-même; d'ailleurs il n'avait besoin que de la nature, et au moyen de ses études, il « l'engageait à passer chez lui afin de pincer sa ressemblance le mieux possible ». Il n'avait pas besoin d'y appeler sa muse, car, au dire de Français, elle était toujours avec lui, « dans sa poche, et il la consultait à tous moments, quand il voulait[1] ».

Nos souvenirs nous reporteront souvent dans ce milieu où nous avons passé des heures

---

1. 28 mars 1870, causerie en sortant de chez Corot.

excellentes auprès du maître, vêtu de sa blouse de travail et la tête couverte d'un petit bonnet, en causant de toutes choses, tandis que sa main robuste, et qui semblait taillée pour de rudes travaux, tenait le pinceau léger et faisait éclore tant d'œuvres charmantes.

Il avait achevé les tableaux destinés au Salon de 1875 lorsqu'il cessa de venir à l'atelier; il ne manquait à ces belles toiles, où son talent se montre complet, que son nom; plus tard on les porta chez lui lorsqu'il ne se levait plus, et il les a signées étant dans son lit. C'est la dernière fois qu'il ait touché son pinceau, et après cet effort il dit : « Voilà tout ce que je puis faire ! »

Le mal faisait des progrès rapides et amena une hydropisie, — comme il était arrivé pour Hamon, l'ami que nous avons perdu l'année dernière. — Le 11 février la ponction fut pratiquée et il la supporta assez bien, sans trop de souffrance. Corot, à cette heure, n'avait plus d'illusion sur son état; il le voyait d'une façon très-nette et en parla à Français qu'il reçut pour la dernière fois, quelques jours avant de subir l'opération.

Alors, il était déjà très-faible et par instants il cessait de parler afin de prendre un peu de repos. Français, voyant cela, lui demanda s'il devait se retirer afin que sa présence ne fût pas une cause de fatigue. Mais Corot lui répondit : « Reste, mon enfant, tu me fais plaisir, tu me fais du bien »; et il l'entretint avec calme de sa fin prochaine et de la peine qu'il avait à se résigner à ce passage inévitable : « Me voilà presque arrivé à la résignation, mais ce n'est pas facile, et voilà longtemps que j'y travaille. Pourtant je n'ai pas à me plaindre de mon sort, bien au contraire : j'ai eu la santé pendant soixante-dix-huit ans, l'amour de la nature, de la peinture et du travail ; ma famille se composait de braves gens, j'ai eu de bons amis et crois n'avoir fait de mal à personne ; mon lot dans la vie a été excellent, et loin d'adresser aucun reproche à la destinée, je ne puis que la remercier.

« Il faut partir, je le sais, et ne veux pas y croire ; malgré moi je conserve encore un peu d'espérance. » — Et cherchant à sourire, à reprendre le langage familier d'autrefois, — il ajouta : « Par moment, je voudrais me rapprocher de la soupe grasse, que j'aimais bien, et si Mme T. mettait pas mal de choux dans l'assiette, ça serait parfait[1]. »

N'y a-t-il pas dans ces paroles, — les dernières de Corot, que nous avons à donner, — l'expression d'un sentiment vrai et profondément humain? On a beau voir son état et raisonner juste, on n'enlève rien à l'instinct, au désir de vivre, auquel, en fin de compte, on se cramponne encore lorsque le souffle vient à manquer.

Après le départ de son ami, de l'élève qu'il a peut-être le plus aimé, Corot, qui avait retenu ses larmes en lui disant adieu, pleura longtemps... Il sentait qu'il ne devait plus le revoir. Les médecins, en effet, pour éviter des émotions nouvelles, très-nuisibles à son état, défendirent ces visites qui secouent le cœur tant qu'il bat. Français revint, mais il ne fut plus admis auprès de son maître qui était arrivé au dernier degré d'épuisement.

C'est alors qu'il pria son ami M. B., — qui ne le quittait guère, — de prévenir M. le curé

---

1. Allusion à nos réunions.

de Coubron, avec lequel il avait de bonnes relations, qu'il désirait le voir. « Mon père est mort ainsi, je veux faire comme mon père. » Ce sont là les termes dont il s'est servi; et on a fait ce qu'il désirait. Nous n'avons aucun commentaire, aucune interprétation à ajouter, surtout après le fâcheux résultat d'un incident regrettable qui s'est produit à cette occasion et dont on trouvera ci-après le récit. Nous croyons que les choses de la conscience doivent être absolument respectées.

Ce qu'on peut affirmer, c'est que dans le cours de toute sa vie honnête, Corot a eu le culte du bien en même temps que du beau. Selon le précepte de l'Évangile, il a été bon, doux, charitable, que faut-il de plus? Les formules n'ont que des valeurs relatives, la sagesse est le but et Socrate un exemple. Il aimait les symboles poétiques dans lesquels les anciens avaient écrit leurs idées et leurs croyances, et nous l'avons vu, dans cette pensée, rendre hommage aux dieux amis des arts que vénérait la Grèce. Une fois, « le treizième jour du mois qui fut dans Rome celui des grandes Ides d'avril, il prit part, avec nos camarades, à l'inauguration de la tête antique de Jupiter Philios, protecteur de l'amitié... le père de la profonde et ingénieuse Minerve, de la riante Vénus, d'Apollon et des adorables Muses ; qui fut le dieu tolérant, vénéré de Pythagore et de Phidias autant que d'Homère et d'Orphée.

« Une invocation éloquente fut prononcée par un des arrière-enfants de ceux qui lui élevèrent des temples, et, pendant ce temps, deux flambeaux étaient tenus auprès de l'image vénérable, l'un porté par M. Barye, l'autre par Corot, l'auteur de la *Danse des nymphes*[1] et de tant de belles compositions puisées aux sources abondantes du passé qui, de nos jours encore, alimentent le grand art[2]. »

La scène que nous venons de rappeler était un acte de respect envers la tradition, et en quelque sorte un salut adressé par des artistes à leurs ancêtres, les civilisateurs par excellence. Corot était bien de leur race et du nombre des esprits élevés qui sont l'honneur de l'humanité ; son rôle, dans un temps qui ne laisse

---

1. Musée du Luxembourg.
2. Souvenirs de nos réunions.

guère de place à l'idéal, fut, en nous attirant vers la nature, de nous en faire comprendre le charme, de nous faire songer à ses lois, à ses mystères, à l'infini.

Pendant les derniers moments de Corot, ce qui restait de sa pensée était encore rempli par les choses de son art : il agitait sa main droite vers la muraille, ses doigts étaient disposés comme s'ils tenaient un pinceau, et il dit à M. C. : « Vois-tu comme c'est beau? Je n'ai jamais vu d'aussi admirables paysages[1]! »

> Terre, soleil, vallons, belle et douce nature,
> Je vous dois une larme au bord de mon tombeau ;
> L'air est si parfumé! la lumière est si pure!
> Aux regards d'un mourant le soleil est si beau[2]!

Corot est mort ainsi à Paris, le mardi 23 février 1875, à onze heures du soir...

Au nom de nos amis, nous avons placé sur son cercueil une couronne de fleurs nouvelles[3].

---

1. Troyon, dans sa folie, a eu des visions semblables.
2. Lamartine, *Méditations poétiques*. XXV.
3. Voir le récit des funérailles, page 113.

AR une belle journée d'avril, ces notes achevées, ne pouvant pas me décider à quitter Corot brusquement, ayant peine à me séparer de lui, — comme d'un ami qu'on abandonne à regret la veille d'un voyage, — je fus me promener dans la campagne; je voulais la voir sous son impression, pour ainsi dire, retrouver l'artiste au milieu de la nature dans la fête du printemps, et entendre les harmonies où s'inspirait sa Muse.

A ce moment de l'année, il sortait de Paris pour assister au réveil de la vie qui se produit en toutes choses, selon l'ordre accoutumé; tout parlait de lui, et ses modèles étaient sous mes yeux : les bourgeons qui éclatent avant de s'épanouir, les jeunes feuilles aux couleurs changeantes qui brillent sous la lumière comme des pierres précieuses, la fleur qui sourit dans l'herbe, la silhouette des branches dont le bout commence à s'ombrer de verdure, et le ciel, limpide au premier plan, chargé au fond de brumes lumineuses où bientôt le soir puisera les pourpres du couchant.

C'est au milieu de ces merveilles, — passion de toute sa vie, — où certains effets semblent signés de son nom, qu'on est sûr d'être avec Corot; c'est là qu'il cherchait ses poëmes.

Les traits que nous avons donnés de la physionomie de l'homme, de sa pensée, de sa bonté, de son énergie persévérante et de sa foi sincère sont peu de chose; la personnalité éteinte, tout cela n'est plus qu'une abstraction et ne tient que la place d'un souvenir. L'œuvre, au contraire, est vivante, c'est le langage par lequel l'artiste se fait connaître lui-même, continue son action et la fait sentir dans le temps. La peinture de Corot est l'expression de son sentiment, il s'y montre tout entier et un mot le résume : Il enseigne l'amour de la nature, en montre les tendresses afin de nous rendre meilleurs et cherche à provoquer ce qu'il ressentait lui-même : « un mouvement du cœur. »

C'est là sa vraie louange.

17 avril 1875.

uelques amis de Corot, rassemblés pour la première fois après sa mort, le vendredi 5 mars 1875, ont décidé, devant sa place vide, qu'en souvenir de ce grand artiste et de notre amitié mutuelle, son portrait et une notice seraient faits par des camarades.

Aussitôt, le crayon, le burin et la plume, unis dans une même et amicale pensée, ont entrepris ce travail, lequel se trouve être ainsi, de toute manière, une œuvre d'amitié.

FIN.

DOCUMENTS

ET

POST-SCRIPTUM

LES OBSÈQUES DE COROT.

ES obsèques ont eu lieu le 25 février, à l'église Saint-Eugène ; le compte rendu publié par un des membres de notre réunion, dans le *Journal des Débats* du 26, est si exact et rend si bien l'impression générale que nous le reproduisons en entier, ne pouvant faire aussi bien :

« Nous venons d'assister aux obsèques du regretté peintre Corot. On lui a fait les funérailles des plus hauts personnages, moins l'appareil officiel et la pompe militaire. La popularité que lui avaient attirée son grand talent et son beau caractère avait rassemblé autour de la maison mortuaire et de l'église Saint-

Eugène une foule immense. La circulation des voitures avait été interdite dans les rues avoisinantes et pendant le parcours du cortége; depuis le n° 58 de la rue du Faubourg-Poissonnière jusqu'au porche du temple, se pressait le long des trottoirs un public plein d'émotion et de respect. Le cercueil était couvert de fleurs, et la médaille d'or qui avait été frappée en l'honneur de Corot par une souscription de ses amis et de ses élèves reposait sur un coussin de velours, à côté de la croix d'officier de la Légion d'honneur. En peu d'instants, les trois nefs de l'église ont été remplies. Les tribunes latérales étaient à l'avance occupées, surtout par des dames vêtues de deuil.

« Nous avons rarement vu de cérémonie plus imposante et plus touchante que le commencement de ce service où chacun venait porter les témoignages d'estime, d'affection, de regrets que le grand artiste avait si bien mérités. Malheureusement, un incident fâcheux, douloureux, est venu le troubler. Après le *Credo*, et au milieu du recueillement général, M. le curé de Saint-Eugène est monté en chaire. Bien qu'un peu surprise (on n'a pas coutume d'en-

tendre prononcer de discours dans l'église, même aux cérémonies funèbres), l'assistance s'attendait à l'annonce d'une nouvelle œuvre de bienfaisance faite par Corot en faveur des pauvres de la paroisse. Il n'en fut rien. Ce n'était ni une oraison funèbre, ni un sermon que venait prononcer M. le curé, ni même un simple hommage rendu aux douces vertus du défunt, c'était un réquisitoire. Après avoir annoncé que Corot s'était confessé le 6 février et avait reçu la communion quelques jours après, il ajouta : « J'ai parcouru hier tous les
« journaux imprimés à Paris, et, dans le con-
« cert d'éloges qu'ils donnaient à l'artiste et
« à l'homme, un seul a déclaré que le défunt
« était spiritualiste ; pas un seul n'a osé avan-
« cer qu'il a fini en chrétien. Voilà le signe du
« temps, la marque de la dégradation des
« âmes... » Ici il y eut quelques légers murmures dans l'auditoire et beaucoup de marques d'impatience.

« Sans doute ces manifestations étaient regrettables ; le lieu sacré doit être respecté. Mais comment M. le curé de Saint-Eugène, en s'apercevant de la disposition de l'assistance, ne s'est-il pas arrêté? Pourquoi a-t-il continué sur un ton acerbe et provoquant, de nature à exaspérer une partie du public et à l'entraîner aux protestations? Et surtout pourquoi troubler le touchant caractère de cette pieuse cérémonie par des reproches amers? Sans doute il y avait là bien peu de pratiquants, beaucoup de sceptiques, peut-être des libres-penseurs ; mais tous étaient unanimes dans leur silence, dans leur recueillement, dans leur douleur. L'admonestation de M. le curé de Saint-Eugène était donc au moins inutile. Tous ceux qui étaient là connaissaient bien Corot. Ils n'ont pas eu besoin de consulter les journaux pour savoir s'il est mort en bon catholique. Ils savent qu'il a vécu en chrétien, dans la plus belle acception du mot, charitable et bienveillant comme l'Évangile.

« Un autre incident est venu mettre fin au désordre causé par cette malencontreuse harangue. Une pauvre folle, excitée sans doute par le tumulte, s'est levée sur sa chaise et a poussé des cris perçants qui ont détourné l'attention de l'assemblée. M. le curé de Saint-Eugène s'est alors décidé à quitter la chaire, puis le service a continué. Cependant le *Requiem*, chanté par Faure, n'a pas réussi à calmer l'excitation des assistants[1].

« Après la messe, le char funèbre a pris le chemin du cimetière de l'Est, suivi par la même foule. Quatre paysagistes tenaient les cordons du poêle : MM. Jules Dupré, Oudinot, Lavieille et Karl Daubigny; ce dernier remplaçait son père malade.

« M. de Chennevières, directeur des Beaux-Arts, a prononcé sur la tombe d'éloquentes et nobles paroles[2].

« A. VIOLLET-LE-DUC. »

---

1. M. Elwart se souvenant que Corot lui avait dit qu'il souhaiterait que l'andante de la symphonie en *la*, de Beethoven, fût exécuté à son enterrement, a disposé la grande prière sur ce morceau admirable, un des chefs-d'œuvre de la musique, et M. Faure l'a dit d'une façon magistrale.

2. Voyez page suivante.

DISCOURS

DE M. DE CHENNEVIÈRES

<small>DIRECTEUR DES BEAUX-ARTS.</small>

« L'année 1875 s'annonce comme l'une des plus néfastes qui aient passé sur notre école contemporaine. A quelques semaines de distance, voilà que nous perdons deux très-grands peintres, qui peuvent compter parmi les plus grands poëtes de notre âge, de ceux qui par leurs œuvres ont élevé le plus haut nos cœurs. Tous deux, Corot et Millet, ont pénétré dans la nature avec je ne sais quelle émotion noble, religieuse, sincère, et tendrement naïve, avec cette simplicité d'instinct qui est la première condition de la vraie grandeur. Pourquoi faut-il, hélas! messieurs, que la simplicité devienne si rare dans nos esprits tourmentés et rapetissés, que l'homme simple, par là même, soit un homme, et que la plus précieuse qualité de l'artiste soit aujourd'hui la simplicité dans la force, j'allais dire la rusticité?

« Corot fut, comme tous les vraies génies, d'une abondance inépuisable. Nul ne fut plus laborieux et fécond et n'aima mieux son travail et son art. Nul ne respecta davantage les sources divines et l'impartialité étrangère aux soucis vulgaires de la foule. Ce peintre pastoral, harmonieux, vif et doux, nous a exprimé l'âme de la nature, plutôt que le menu de ses réalités ; il adorait les champs, mais c'était pour en entendre les voix, les bruits et les chansons, les frémissements de la feuille, et pour saisir les légers brouillards chers aux nymphes et les lueurs fugitives des crépuscules. Dans ce sens, et sous sa monotonie apparente, pas un n'aura fourni une œuvre plus variée, plus adorable et plus complète.

« Hier Corot était encore dans la lutte obstinée, ou plutôt dans le triomphe, triomphe tardif, mais éclatant. Demain la justice impérissable, la gloire commencera pour son nom.

Aujourd'hui, messieurs, dans cet instant funèbre, où son cercueil est encore sous nos yeux, et le souvenir de l'homme dans notre mémoire à tous, nous devons autant que l'artiste honorer l'homme de nos regrets. Sa longue vie fut heureuse dans sa sérénité, et son cœur fut un cœur d'or. Jamais l'envie n'effleura sa bonne âme, toujours gaie et toujours riante, et sa charité fut de tous les instants et intarissable.

« Son nom a été, à coup sûr, le plus populaire entre tous ceux des maîtres de notre école actuelle, et Corot a bien joui de cette popularité jusqu'à la dernière heure de sa longue carrière. Toute la jeunesse l'adorait et avec raison, car il aimait la jeunesse, et son talent, à lui, était fait de jeunesse éternellement nouvelle. Puissent les futures générations de nos peintres se transmettre cette vénération; car ainsi ils vénéreront la droiture, la bonté, la probité, la générosité, l'esprit de travail, la poursuite imperturbable de ce que l'on juge le beau, le mépris des bas succès et des critiques passagères, — vertus qu'ont pratiquées si fièrement Corot et Millet, ces deux patriarches, interprètes supérieurs de la nature idéale, l'un qui ne lisait que la Bible pour y chercher l'austère et puissante silhouette de ses laboureurs et de ses bergers, l'autre le bonhomme qui a loué, dans des œuvres immortelles, les cieux, les oiseaux et les arbres du bon Dieu. »

LISTE

DES OUVRAGES DE COROT

EXPOSÉS AUX SALONS OFFICIELS

DE 1827 A 1875.

I. — 1827.

Corot demeurait alors rue Neuve des Petits-Champs, 39.

1. — Vue prise à Narni.
2. — Campagne de Rome.

Il n'y a pas eu de Salon en 1828, 1829, 1830.

II. — 1831.

3. — Vue de Furia. — Ile d'Ischia.
4. — Couvent sur les bords de l'Adriatique.
5. — La Cervara.
6. — Forêt de Fontainebleau.

III. — 1833.

7. — Forêt de Fontainebleau.

IV. — 1834.

8. — Une Forêt.
9. — Une Marine.
10. — Site d'Italie.

V. — 1835.

Quai Voltaire, 15.

11. — Agar dans le désert.
12. — Vue prise à Riva. — Tyrol italien.

VI. — 1836.

13. — Diane surprise au bain.
14. — Campagne de Rome. — Hiver.

VII. — 1837.

15. — Saint Jérôme. — Paysage.
16. — Vue prise dans l'île d'Ischia.
17. — Paysage, soleil couchant.

VIII. — 1838.

18. — Silène.
19. — Vue prise à Volterra. — Toscane.

IX. — 1839.

20. — Site d'Italie.
21. — Un Soir. — Paysage.

X. — 1840.

22. — Paysage, la Fuite en Égypte.
23. — *Idem,* soleil couchant.
24. — Un Moine.

XI. — 1841.

25. — Démocrite et les Abdéritains. — Paysage.
(Lafontaine, fable.)

XII. — 1842.

26. — Site d'Italie.

XIII. — 1843

27. — Un Soir.
28. — Jeunes Filles au bain.

XIV. — 1844.

29. — Destruction de Sodome.
30. — Paysage avec figures.
31. — Campagne de Rome.

XV. — 1845.

32. — Homère et les bergers. — Paysage.
33. — Daphnis et Chloé   idem.
(André Chénier, l'*Aveugle*.)
34. — Paysage.

XVI. — 1846.

35. — Forêt de Fontainebleau.

XVII. — 1847.

36. — Paysage.
37. — *Idem,* Berger jouant avec sa chèvre.

XVIII. — 1848.

38. — Site d'Italie.
39. — Intérieur de bois.

40. — Vue de Ville-d'Avray.
41. — Une Matinée.
42. — Crépuscule.
43. — Un Soir.
44. — Effet de matin.
45. — Un Matin.[1]
46. — Un Soir.

XIX. — 1849.

47. — Le Christ au jardin des Oliviers.
(Est au musée de Langres.)
48. — Vue prise à Volterra.
49. — Site du Limousin.
50. — Vue prise à Ville-d'Avray.
51. — Étude du Colisée à Rome.

XX. — 1850.

Rue des Beaux-Arts, 10.

52. — Lever du soleil.
53. — Une Matinée.
54. — Soleil couchant. — Tyrol italien.
55. — Études à Ville-d'Avray.

Pas de Salon en 1851.

XXI. — 1852.

56. — Soleil couchant.
57. — Le Repos, — paysage.
58. — Vue du port de la Rochelle.

XXII. — 1853.

Rue de Paradis-Poissonnière, 58. Corot y est resté jusqu'à sa mort.

59. — Saint Sébastien — Paysage.
60. — Coucher de soleil.
61. — Matinée.

   Pas de Salon en 1854.

XXIII. — 1855. Première Exposition universelle.

62. — Effet du matin.
63. — Souvenir de Marcoussis.
64. — Printemps.
65. — Soir.
66. — Souvenir d'Italie.
67. — Une Soirée.

   Pas de Salon en 1856.

    XXIV. — 1857.

68. — L'Incendie de Sodome.
69. — Nymphe jouant avec un amour.
70. — Un Concert.
71. — Soleil couchant.
72. — Un Soir.
73. — Ville-d'Avray.
74. — *Idem*, Une matinée.

   Pas de Salon en 1858.

    XXV. — 1859.

75. — Dante et Virgile. — Paysage.
76. — Macbeth.
77. — Idylle.
78. — Paysage avec figures.

79. — Souvenir du Limousin.
80. — Tyrol italien.
81. — Ville-d'Avray.

　　　　Pas de Salon en 1860.

　　　　　　XXVI. — 1861.

82. — Danse de Nymphes.
83. — Soleil levant.
84. — Orphée.
85. — Le Lac.
86. — Souvenir d'Italie.
87. — Le Repos.

　　　　Pas de Salon en 1862.

　　　　　　XXVII. — 1863.

88. — Soleil levant.
89. — Ville-d'Avray. — Étude.
90. — Méry. — *Idem*.

　　　　　　XXVIII. — 1864.

91 — Souvenir de Mortefontaine.
92. — Coup de vent.

　　　　　　XXIX. — 1865.

93. — Le Matin.
94. — Souvenir du lac Nemi.
95. — Une Eau-forte : — Souvenir d'Italie.

　　　　　　XXX. — 1866.

96. — Le Soir.
97. — La Solitude, souvenir de Vigan. — Limousin.

XXXI. — 1867.

1º AU SALON ANNUEL. — CHAMPS-ÉLYSÉES.

98. — Vue de Marisselle, près Beauvais.
99. — Coup de vent, près de la Haye.

XXXII. — 1867.

2º A L'EXPOSITION ANNUELLE,
AU CHAMP DE MARS :

100. — Saint Sébastien. — Paysage.
101. — La Toilette. — *Idem* avec figures.
102. — Macbeth, la Sorcière. — Salon de 1859.
103. — Un Matin. — Salon de 1865.
104. — Un Soir.
105. — Les Ruines du château de Pierrefonds.

Numéros du Catalogue 161 et suivants.

XXXIII. — 1868.

106. — Un Matin à Ville-d'Avray.
107. — Le Soir.

XXXIV. — 1869

108. — Souvenir de Ville-d'Avray.
109. — Une Liseuse.

XXXV. — 1870.

110. — Paysage avec fleurs.
111. — Ville-d'Avray.

Il n'y a pas eu d'Exposition en 1871.

XXXVI. — 1872.

112. — Souvenir de Ville-d'Avray.
113. — Près d'Arras.

XXXVII. — 1873.

114. — Pastorale.
115. — Le Passeur.

XXXVIII. — 1874.

116. — Souvenir d'Arleux-du-Nord.
117. — Le Soir.
118. — Clair de lune.

XXXIX. — 1875.

119. — Les Bûcherons.
120. — Les Plaisirs du soir. — Danse antique.
121. — Biblis.

On le voit, Corot n'a pas manqué de paraître à tous les Salons ouverts pendant sa vie, et en retranchant de la liste ci-dessus les ouvrages envoyés à l'Exposition universelle de 1867, qui étaient déjà connus, le total donne ·119 tableaux, et les reproductions de son œuvre, lithographies, gravures, photographies, autographies,... atteignent aujourd'hui le chiffre de 615 pièces.

PORTRAITS DE COROT

PEINTURES A L'HUILE.

1. — Par M. Belly. — 1858. Grandeur naturelle à mi-corps, vu de face. Appartient à la famille et a été longtemps dans le salon de la sœur de Corot.
2. — Par M. Bénédict Masson. Appartient à M. Otto?
3. — Auteur inconnu. Serait au Mans.
4. — Dans un de ses tableaux, Corot a fait une petite figure qui donne vaguement sa ressemblance.
5. — Par M. Decan, représentant le maître en train de peindre (Salon de 1875). Le même artiste a dans son atelier plusieurs autres études où se trouve le portrait de Corot.

DESSINS.

6. — Par Français — mine de plomb, 1840 (avec les cheveux courts).
7. — Par Aimé Millet, mine de plomb, profil.
8. — *Idem*. Vu de face.

GRAVURES.

9. — Par Dien.
10. — Masson, 1848. — Avec les cheveux courts.
11. — Al. Leroy d'après le dessin de A. Millet. 1875.

SCULPTURES.

12. — Par M. Geoffroy de Chaume. Médaille d'or offerte à Corot, le 29 décembre 1874. Ce précieux souvenir a été tiré au sort entre les membres de la famille. Il est échu à Mme M., petite-nièce du maître.

13. — La même, grande dimension, plâtre, placée à l'exposition des œuvres de Corot, au palais des Beaux-Arts.

PHOTOGRAPHIES.

Par MM. Carjat — plusieurs.
Nadar.
Desavary-Dutilleux — plusieurs.
Mulnier.
Dallemagne.
Lavaud.
Bacard.
Pierre Petit.

GRAVURES SUR BOIS.

La plupart des journaux illustrés ont publié, après la mort de Corot, des portraits d'après les photographies indiquées ci-dessus.

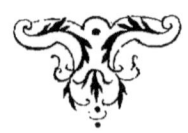

POST-SCRIPTUM

NE exposition de l'OEuvre de Corot est ouverte depuis le 22 mai au palais des Beaux-Arts. Elle a été organisée par les soins d'un comité, on pourrait presque dire de deux comités qui se sont réunis, chacun conservant son président : M. le baron Taylor représente l'association des artistes-peintres-graveurs, etc., et M. Français, la réunion des élèves et des amis de Corot.

Le catalogue, précédé d'une notice de M. Philippe Burty, contient 225 numéros. Nous n'avons pas à analyser les ouvrages exposés; l'aspect général est excellent et d'une variété inattendue. On peut suivre là les différentes manières du maître, et voir ses grandes compositions : le *Baptême du Christ*, le *Saint Jérôme*, le *Christ au jardin des*

Oliviers, les panneaux qui étaient chez M. Demidoff, l'*Orphée* et tant d'autres toiles admirables.

Le produit des entrées sera divisé en deux parts, l'une pour la caisse de l'association des artistes, l'autre réservée pour élever un monument à la mémoire de Corot. Une souscription est déjà ouverte dans le même but.

Le public, on n'en peut pas douter, se rendra avec empressement au palais des Beaux-Arts, où Corot est tout à fait à sa place, et il est grandi par cette épreuve glorieuse.

Un grand nombre d'œuvres précieuses n'étaient jamais sorties de l'atelier de Corot; le catalogue de sa vente nous les rappelle, il ne comprend pas moins de 931 numéros, et se divise en trois parties. Les deux premières se composent des œuvres du maître, environ 600 pièces. Nous y trouvons d'abord les tableaux et les études terminées : *Dante et Virgile, Agar dans le désert,* qui appartiennent à son style le plus sérieux et sont du même ordre que le *Christ* et le *Saint Jérôme. Le pont Saint-Ange; Tivoli; Gênes;* une répétition du *Forum,* légué au Louvre ; la *Solitude,* etc.

POST-SCRIPTUM.

Dans la seconde partie sont les études moins terminées, les esquisses, dessins, eaux-fortes, et 72 carnets de croquis et de notes. Cette série compte 378 numéros.

La collection particulière du maître forme la troisième partie, 328 pièces. On y trouve 18 tableaux anciens qui sont pour la plupart des copies d'après Claude, le Corrége, Rembrandt, Titien, Primatice, Rubens, etc.

Parmi les modernes nous remarquons 10 toiles d'Aligny, qui sont là comme des témoins de l'estime et de l'amitié de Corot ; des tableaux, études, ou dessins de Michallon et de Victor Bertin, ses premiers maîtres ; de Watelet, Eugène Delacroix, H. Daumier, J. Dupré, L. Fleury, Français, Ch. Daubigny, Harpignies, Lavieille, Oudinot, H. Monnier, Troyon.

Le portrait de Victor Bertin.

Des bronzes de Barye.

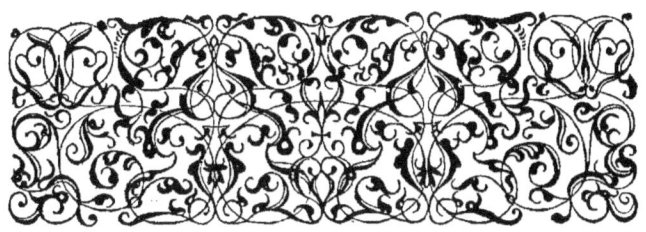

TABLE DES MATIÈRES.

Pages.

Origine de ces Souvenirs.   1

CHAPITRE PREMIER.

Jeunesse de Corot, sa famille. — Premières impressions. — Il est placé chez un marchand de drap. Se lie avec Michallon. Première étude. Entre à l'atelier de Victor Bertin. — Premier voyage en Italie. Aligny. L'étude du Colysée. Édouard Bertin.   3

CHAPITRE DEUXIÈME.

Retour en France. — Corot expose pour la première fois au Salon de 1827. — Situation des arts à cette époque. — Voyage à Venise. Léopold Robert. — Alfred de Musset. Gustave Planche. — Troisième voyage en Italie. — Grandes compositions. Anecdotes. — Ses préceptes. Ses élèves. 28

CHAPITRE TROISIÈME.

Pages.

Salon de 1859. — Peintures décoratives chez Decamps, L. Fleury, Daubigny. — Goût de Corot pour la musique. — Le tableau d'*Orphée*. — Opinion de M. Barye. 63

CHAPITRE QUATRIÈME.

Travaux pendant le siége de Paris. — Bienveillance de Corot; ses bonnes actions. — Médaille d'honneur. Lettre. Souscription. — Soirée du 29 décembre 1874. Sa maladie. Dernier entretien avec Français. — Son respect pour les anciens. — Sa mort. 86

DOCUMENTS.

Obsèques de Corot 113
Discours de M. de Chennevières. 118
Liste des ouvrages exposés. 123
Portraits de Corot. 131

Post-Scriptum. 133

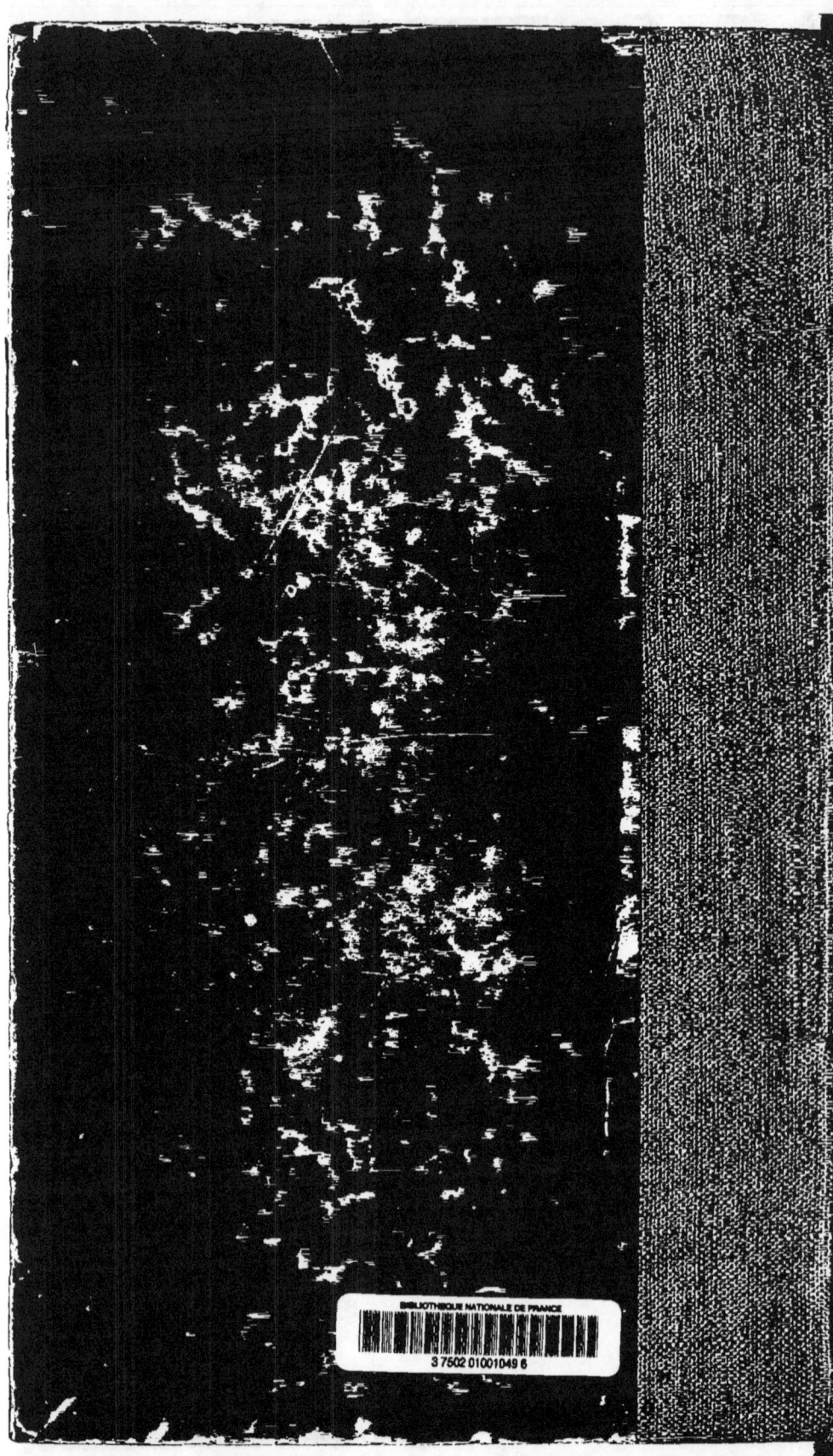

www.ingramcontent.com/pod-product-compliance
Lightning Source LLC
Chambersburg PA
CBHW070243230526
45470CB00002B/472